みことば

聖書翻訳の研究

第2号

JN071790

新日本聖書刊行会 [編]

いのちのことば社

目　次

II テサロニケ 1:12 で
θεός はイエス・キリストにかかるか

内田和彦

　前回，聖書協会共同訳（以下「協会共同訳」）において，ローマ 9:5 はどのように翻訳されたか，それがどのような問題を含んでいるかを検討した。[1]イエスが直接的に「神」と呼ばれていると思われるこの重要な箇所の訳し方が，口語訳，新共同訳，協会共同訳において，変遷をとげてきた。口語訳においては θεός がイエスを修飾する言葉とされていなかったものが，新共同訳では改められ，「キリストは，万物の上におられる，永遠にほめたたえられる神」と，新改訳と足並みを揃えたが，協会共同訳では「キリストは，万物の上におられる方。神は永遠にほめたたえられる方」という，どちらかと言えば，マイナーな訳し方に変わった。キリストを神と呼んではいないとする点では，口語訳に戻ったことになる。その主な理由として挙げられるのは，パウロはイエス・キリストを「神」と呼んだ例はなく，それは考えられないということだと思われる。[2]

　しかしながら，パウロがイエスを「神」と呼ぶことは本当になかったのか。新改訳 2017 は，II テサロニケ 1:12 とテトス 2:13 の訳を，パウロがイエスを「神」と呼んでいるという理解で提示している。後者に関しては，口語訳，新共同訳，協会共同訳もまたイエスを「大いなる／偉大なる神」と表

---

1 新日本聖書刊行会編『みことば　聖書翻訳の研究』第 1 号（いのちのことば社，2020），45-60 頁。

2 同書，50，54 頁。

現するものとして訳しているが，テトスへの手紙はパウロの真正な書簡とは認めがたいということで，この手紙の証言はパウロの理解を論じる証拠として採用されないのであろう。このこと自体，再考に値すると思われるが，今回はパウロの真正な書簡としてより多くの支持を得ているⅡテサロニケ1:12に的を絞って検討したい。[3]

1. Ⅱテサロニケ1:12の訳の比較

Ⅱテサロニケ1:12はどのように訳されてきたか。年代順に見ていこう。

● 文語訳（1917年）

これ我らの神および主イエス・キリストの恵によりて，我らの主イエスの御名の汝らの中に崇められ，又なんじらも彼に在りて崇められん為なり。

● バルバロ訳（1953年）

それは，われわれの神とイエズス・キリストの恩寵とによって，主イエズスの御名があなたたちに崇められ，あなたたちも彼において光栄を受けるためである。

● 口語訳（1955年）

それは，わたしたちの神と主イエス・キリストとの恵みによって，わた

---

3 岩波訳においては，Ⅱテサロニケはパウロ自身が書いたものと認められていない（『新約聖書Ⅴ』273頁以下にある保坂高殿氏による「パウロの名による書簡 解説」参照）。一方，フランシスコ会訳の解説は，「いまだに広く論議されているものの，現代のほとんどすべての聖書学者は，否定的な論拠を認めることのほうがより困難であるという理由から，パウロが同書簡の著者であることを認めている」としている。1980年頃までの議論の評価は，I. Howard Marshall, *1 and 2 Thessalonians*. (NCBC; Grand Rapids: Eerdmans, 1983), 28-45, その後の議論の最近の評価は，Nathan Eubank, *First and Second Thessalonians*. (Catholic Commentary on Sacred Scripture; Grand Rapids: Baker, 2019), 19-23参照。Paul Foster ("Who Wrote 2 Thessalonians? A Fresh Look at an Old Problem," *JSNT* 35 [2012] 150-175) によれば，単純に数で見ると，この書簡の真正性を認めるか否か，賛否は拮抗している。

したちの主イエスの御名があなたがたの間であがめられ，あなたがたも
主にあって栄光を受けるためである。

● 新改訳（1970 年）

　　それは，私たちの神であり主であるイエス・キリストの恵みによって，
主イエスの御名があなたがたの間であがめられ，あなたがたも主にあっ
て栄光を受けるためです。

● 前田護郎訳（1983 年）

　　それはわれらの神と主イエス・キリストとの恵みによって，あなた方の
間でわれらの主イエスのみ名が栄化され，あなた方も彼によって栄化さ
れるためです。

● 新共同訳（1987 年）

　　それは，わたしたちの神と主イエス・キリストの恵みによって，わたし
たちの主イエスの名があなたがたの間であがめられ，あなたがたも主に
よって誉れを受けるようになるためです。

● 岩波訳（1996 年）

　　私たちの神，そして主イエス・キリストの恵みに応じて，私たちの主イ
エスの名があなたがたの間で，またあなたがたも主にあって栄化される
ようになるために。

● フランシスコ会訳（2011 年）

　　それは，わたしたちの神と主イエス・キリストからの恵みによって，わ
たしたちの主イエスの名があなた方のうちでほめたたえられ，あなた方
も主のうちにあってたたえられるためです。

● 新改訳 2017（2017 年）

　　それは，私たちの神であり主であるイエス・キリストの恵みによって，
私たちの主イエスの名があなたがたの間であがめられ，あなたがたも主

にあって栄光を受けるためです。

● 協会共同訳（2018 年）

それは，<u>私たちの神と主イエス・キリストの恵み</u>によって，私たちの主
イエスの名があなたがたの間で崇められ，あなたがたも主にあって栄光
を受けるようになるためです。

　一見して分かるように，「神」をイエス・キリストにかけて，「私たちの神
であり主であるイエス・キリスト」と訳しているのは新改訳の初版（第 2
版，第 3 版も），新改訳 2017 だけで，それ以外の邦訳はすべて，「私たちの
神」と「主イエス・キリスト」を切り離し，並置している。

　英訳はどうか。やはり英訳もその大半（KJV，NKJB，ASV，RSV，
NRSV，ESV，NASB，NEB，NIV，NIV2011，NET，REB，WEB，
JB，NJB，BBE）が，"of our God and the Lord Jesus Christ" あるいは，
"of our God and of the Lord Jesus Christ" と訳している。すなわち「私た
ちの神」と「主イエス・キリスト」を区別している。ただし，NABRE の
本文と NASB の別訳は "of our God and Lord Jesus Christ" と Lord を無
冠詞にすることにより，新改訳のような解釈に道を開いている。新改訳と同
じ理解は，筆者の見る限り NLT の "of our God and Lord, Jesus Christ"
のみである。[4]

2. グランヴィル・シャープの法則

　さて，12 節全体の原文は ὅπως ἐνδοξασθῇ τὸ ὄνομα τοῦ κυρίου ἡμῶν
Ἰησοῦ ἐν ὑμῖν, καὶ ὑμεῖς ἐν αὐτῷ, κατὰ τὴν χάριν τοῦ θεοῦ ἡμῶν καὶ
κυρίου Ἰησοῦ Χριστοῦ であるが，問題となるのは最後の 7 語である。新
改訳が 1970 年の初版において，θεοῦ ἡμῶν が Ἰησοῦ Χριστοῦ にもかかる
と理解し，「私たちの神」と「主イエス・キリスト」は同じ方であると解釈

---

[4] GNB と NIV の欄外の別訳では，この訳し方をしている。

して訳した根拠は，θεοῦ に冠詞がついていて，しかも καί の後の κυρίου には冠詞が欠けていることであると思われる。この箇所に，18 世紀末にグランヴィル・シャープが提唱した法則が適用でき，θεοῦ ἡμῶν καί κυρίου の全体が，Ἰησοῦ Χριστοῦ にかかると考えられたからであろう。[5]

この法則については，D. B. Wallace が詳細にわたる検討を加えている。[6] それによれば，シャープ自身が唱えた原則は以下のようなものであった。[7]

連結詞 καί が同じ格の 2 つの名詞や分詞をつなぐとき……冠詞 ὁ，あるいはその格変化したものが，最初の名詞や分詞の前にあって，2 番目の名詞や分詞の前で繰り返されないなら，後者は，最初の名詞や分詞によって表現されている者と同じ人物を必ず指している。

ただしこの原則が適用できるのは，名詞が人を表すもので単数であること，そして固有名詞でないことである。Wallace は新約聖書全体から，この条件に当てはまる 80 箇所に検討を加え，第 2 の実詞（substantives）が第 1 の実詞と同じ存在を指していると結論している。[8] ὁ υἱὸς τῆς Μαρίας καί ἀδελφὸς Ἰακώβου「マリアの子でヤコブの兄弟」（マルコ 6:3），ὁ καταβαίνων ἐκ τοῦ οὐρανοῦ καί ζωὴν διδοὺς τῷ κόσμῳ「天から下って来て，世にいのちを与えるもの」（ヨハネ 6:33），ὑμεῖς δὲ τὸν ἅγιον καί δίκαιον ἠρνήσασθε「あなたがたは，この聖なる正しい方を拒んで」（使徒

---

5 新改訳の初版の訳文の検討過程を当時の資料でたどると，他の邦訳と同様に「私たちの神」と「主イエス・キリスト」を並置していたものを，最終稿の段階でこの訳に変更したことが分かる。ただし，なぜ変更したのか，その理由は何も記されていない。したがって，グランヴィル・シャープの法則の適用はあくまでも推測であるが，それ以外にもっともな理由は考えられない。

6 Daniel. B. Wallace, "The Article with Multiple Substantives Connected by Καί in the New Testament: Semantics and Significance" (Ph.D. diss., Dallas Theological Seminary, 1995). その内容が Daniel B. Wallace, *Greek Grammar Beyond the Basics* (Grand Rapids, MI: Zondervan, 1996), 270-290.

7 同書 271. 以下私訳であるが，「名詞」についての詳細な説明は省略している。

8 同書 273-276.

3:14) といった具合である。

Wallace はグランヴィル・シャープの法則が適用できる例として，さら
に，キリストの神性について証しするテトス 2:13（τῆς δόξης τοῦ
μεγάλου θεοῦ καὶ σωτῆρος ἡμῶν Ἰησοῦ Χριστοῦ「大いなる神であり私
たちの救い主であるイエス・キリストの栄光」）やⅡペテロ 1:1（ἐν δικαι-
οσύνῃ τοῦ θεοῦ ἡμῶν καὶ σωτῆρος Ἰησοῦ Χριστοῦ「私たちの神であり
救い主であるイエス・キリストの義によって」）を挙げるが，Ⅱテサロニケ
1:12 は除外している。[9] 理由は固有名詞を含んでいるゆえ，この法則を適用
できないということであるが，より厳密に言えば，κύριος を Ἰησοῦ Χρι-
στοῦ から切り離すことはできず，κύριος Ἰησοῦ Χριστοῦ 全体が書簡にお
いて普通に用いられている称号であって，固有名詞化しているということで
あろう。[10]

3. 神とキリストを区別する理由

Wallace ばかりでなく多くの研究者が，グランヴィル・シャープの法則に
言及するしないを問わず，またこの法則を適用することの是非に言及するし
ないを問わず，Ⅱテサロニケ 1:12 においてパウロは，神とキリストを別の
存在として提示していると判断している。[11] その理由を要約すれば以下のよ

9 同書 276-277.
10 Wallace がテトス 2:13 の考察において，θεός を一般名詞とみなしていることからすれば，
κύριος も一般名詞とみなすことができるのではないか。
11 H. A. W. Meyer, *Critical and Exegetical Handbook to the Epistles to the Thessalonians.*
ET. Reprint ed. (Peabody, MA: Hendrickson, 1983), 587-588, 590; A. T. Robertson, *A Gram-
mar of the Greek New Testament in the Light of Historical Research* (Nashville, TN: Broad-
man, 1934), 786; E. Stauffer, "θεός" in *TDNT*. Vol.3, 106, n.268; J. E. Frame, *A Critical and
Exegetical Commentary on the Epistles of St. Paul to the Thessalonians* (Edinburgh: T. & T.
Clark, 1979), 242; O. Cullmann, *The Christology of the New Testament.* Revised ed. ET (Lon-
don: SCM Press, 1963), 313; Robert L. Thomas, *2 Thessalonians.* (EBC; Grand Rapids, MI:
Zondervan, 1978), 316; D. Guthrie, *New Testament Theology* (Leicester, England: Inter-Var-
sity Press, 1981), 340; F. F. Bruce, *1 & 2 Thessalonians.* (WBC; Waco, TX: Word Books,

うになろう。

(ⅰ)「神であり主である」というように，神と主を並べる定式は新約聖書に
も LXX にもない。それに対し，主・イエス・キリストという三重の呼称
は，まとまった1つの呼び名として新約聖書で広く用いられている。

(ⅱ) 12 節は 11 節から始まる文章の続きであるが，11 節の「私たちの神」
は，12 節の「私たちの主イエス」と区別されて，父なる神への言及になっ
ている。

(ⅲ)「神」と「主イエス・キリスト」の間にある人称代名詞「私たちの
(ἡμῶν)」が，両者を区別しているように見える。

(ⅳ)テサロニケ人への2つの手紙の中で，5回「私たちの父なる神」がキリ
ストと区別された神に言及するものとなっている（Ⅰテサロニケ 1:3,
3:11,　3:13,　Ⅱテサロニケ 1:1,　1:2)。また，「父なる」という語が欠けて
いる3つの箇所でも，「私たちの神」は父なる神を指している（Ⅰテサロニ
ケ 2:2,　3:9,　Ⅱテサロニケ 1:11)。

1982), 156-157; Millard J. Erickson, *The Word Became Flesh* (Grand Rapids: Baker, 1991),
458; Leon Morris, *The First and Second Epistles to the Thessalonians*. Revised ed. (NICNT;
Grand Rapids: Eerdmans, 1991), 211; Murray Harris, *Jesus as God* (Grand Rapids: Baker,
1992), 265-266; Charles A. Wanamaker, *The Epistles to the Thessalonians*. (NIGTC; Grand
Rapids: Eerdmans, 1991), 236; Gordon Fee, *The First and Second Letters to the Thessalo-
nians*. (NICNT; Grand Rapids: Eerdmans, 2009), 267.
　しかしながら，この箇所がイエスを神と呼んでいると解する者たち，あるいはその可能性
を積極的に受けとめる者たちもいないわけではない。R. Bultmann, *Theology of the New
Testament vol.1*. ET (London: SCM Press, 1952), 129; Nigel Turner, *Grammatical Insights
into the New Testament* (Edinburgh: T. & T. Clark, 1965), 16; H. Ridderbos, *Paul, An Outline
of His Theology*. ET (Grand Rapids: Eerdmans,1975), 68; R. N. Longenecker, *The Christolo-
gy of Early Jewish Christianity*. (London: SCM Press, 1970), 138-139; I. Howard Marshall, *1
and 2 Thessalonians*. (NCBC; Grand Rapids: Eerdmans, 1983), 184; David Wenham, *Paul,
Follower of Jesus or Founder of Christianity* (Grand Rapids: Eerdmans, 1995), 118; Gene
Green, *The Letters to the Thessalonians*. (PNTC; Grand Rapids: Eerdmans, 1999), 298.

(v) κυρίου には冠詞がついていないが，それで θεοῦ ἡμῶν καὶ κυρίου 全体が Ἰησοῦ Χριστοῦ を形容しているととる必要はない。κύριος は θεός と同様，実質的に固有名詞であり，冠詞がつくこともつかないこともある。パウロ書簡において κύριος Ἰησοῦς Χριστός の頭に冠詞がついている箇所は34，ついていない箇所は14ある。

(vi) パウロの手紙の中で，祝福のことばをもってあいさつが記されるとき，普通「恵み」の源泉は二重，つまり父なる神と主イエス・キリストの両者に由来するものとされている。

▎ 4. キリストが「神」と呼ばれている可能性

こうした指摘のゆえに，Ⅱテサロニケ1:12において神とキリストは区別されているという結論を出す前に，幾つか考慮すべき点がある。

第1(i)の論点であるが，この箇所を「神であり主であるイエス・キリスト」と訳すとすれば，たしかに新約聖書における唯一の例となる。しかし，他に例が無いということ自体，そのようなことが絶対ありえないと断定する最終的な根拠にはならないのではないか。また「神と主 (θεὸς καὶ κύριος)」の組み合わせではないが，類似の組み合わせはある。すなわち，テトス2:13には，「大いなる神であり私たちの救い主であるイエス・キリスト (τοῦ μεγάλου θεοῦ καὶ σωτῆρος ἡμῶν Ἰησοῦ Χριστοῦ)」，Ⅱペテロ1:1には，「私たちの神であり救い主であるイエス・キリスト (τοῦ θεοῦ ἡμῶν καὶ σωτῆρος Ἰησοῦ Χριστοῦ)」，同1:11と3:18には，「私たちの主であり救い主であるイエス・キリスト (τοῦ κυρίου ἡμῶν καὶ σωτῆρος Ἰησοῦ Χριστοῦ)」，同2:20には「主であり，救い主であるイエス・キリスト (τοῦ κυρίου καὶ σωτῆρος Ἰησοῦ Χριστοῦ)」，さらにユダ4節には「唯一の支配者であり私たちの主であるイエス・キリスト (τὸν μόνον δεσπότην καὶ κύριον ἡμῶν Ἰησοῦν Χριστὸν)」とある。[12] また，聖書外資料に視野を広げれば，前4年のパピルス文書で，高い地位にあると思われるアスクレピアデースなる人物が τῷ θεῶι καὶ κυρίωι と呼ばれているし，同じ称号が紀元2年のパピルス文書では，1人の祭司に帰せられている。[13]

　(i)の後半にあるように，「主・イエス・キリスト」という3つの語はまとまった1つの呼び名であり，固有名詞化しているゆえ切り離すことができず，神と主イエス・キリストを区別しなければならないという指摘は度々なされてきているが，この点は厳密に検討する必要がある。まず，IIコリント 4:5 に Οὐ γὰρ ἑαυτοὺς κηρύσσομεν ἀλλ᾽ Ἰησοῦν Χριστὸν κύριον とあるが，「私たちは自分自身を宣べ伝えているのではなく，主なるイエス・キリストを宣べ伝えています」と訳されるように，イエス・キリストという方を「主」として伝える使命の認識を表明しており，「主」は固有名詞「イエス・キリスト」から切り離して考えなければならない。この箇所では κύριον が最後にあり，イエス・キリストを説明する付加となっているからそれは当然であり，例外とみなされるかもしれないが，3語一体の固有名詞と捉えられない現実は κύριος Ἰησοῦς Χριστός という順序で記されているピリピ 2:11 でも見られる。すなわち，πᾶσα γλῶσσα ἐξομολογήσηται ὅτι κύριος Ἰησοῦς Χριστὸς において，κύριος は Ἰησοῦς Χριστὸς の補語であって，「すべての舌が『イエス・キリストは主です』と告白して」と訳される。

　これら2つの例は別として，「主・イエス・キリスト」の3語が現れる箇所の大半は，邦訳で「主イエス・キリスト」，英訳で "the Lord Jesus

---

[12] これらの箇所のうち，特にテトス 2:13 とIIペテロ 1:1 については，Wallace をはじめとして，注11に挙げた研究者たちの中に，これらの箇所にグランビル・シャープの法則が適用されると考える者たち，あるいはこの法則に言及せずに，θεοῦ がイエス・キリストに適用されると考える者たちが少なからずいる。

[13] J. H. Moulton and G. Milligan, *The Vocabulary of the Greek Testament Illustrated from the Papyri and Other Non-Literary Sources*, reprint ed. (Grand Rapids: Eerdmans, 1972), 287.

Christ" と単純に訳されている。それゆえに 3 語が一体で固有名詞化してい
るという印象を受けるかもしれない。しかし，原文は一様ではなく 3 つの形
がある。κύριος と Ἰησοῦς と Χριστός が続いて現れる箇所は，パウロに
帰せられる 13 の書簡において 64，新約聖書全体では 81 に上るが，そのう
ち，単純な κύριος Ἰησοῦς Χριστός とその格変化した形はパウロ書簡で
21 回，全体で 24 回に過ぎない。[14] この言葉の配列であれば，一律に「主イ
エス・キリスト」と 3 語のセットで固有名詞化したものと考えて良さそうで
あるが，微妙に κύριος と Ἰησοῦς Χριστός の間に距離が置かれていると
考えることができる箇所もある。ローマ 1:7，Ⅰコリント 1:3，Ⅱコリント
1:2，ガラテヤ 1:3，エペソ 1:2，ピリピ 1:2，Ⅰテサロニケ 1:1，ピレモン
3 節に χάρις ὑμῖν καὶ εἰρήνη ἀπὸ θεοῦ πατρὸς ἡμῶν καὶ κυρίου Ἰησοῦ
Χριστοῦ とあるが，「私たちの父である神と（私たちの）主であるイエス・
キリストから……」と読むことも可能である。これに似た Ⅰテサロニケ 1:1
と Ⅱテサロニケ 1:1 の τῇ ἐκκλησίᾳ Θεσσαλονικέων ἐν θεῷ πατρὶ
(ἡμῶν) καὶ κυρίῳ Ἰησοῦ Χριστῷ も「（私たちの）父である神と（私たち
の）主であるイエス・キリストにある……」と読むことは可能である。これ
らだけで，パウロ書簡における 21 例の約半数に上る。

　これら単純な κύριος Ἰησοῦς Χριστός よりも多く見られるのは，ὁ
κύριος ἡμῶν Ἰησοῦς Χριστός と，その格変化した形で，パウロ書簡で 29
回，全体で 41 回見出される。[15] この形式は固有名詞化した「主イエス・キリ
スト κύριος Ἰησοῦς Χριστός」と意味がまったく変わらないと断定できる

---

[14] ローマ 1:7, 13:14, Ⅰコリント 1:3, 6:11, 8:6, Ⅱコリント 1:2, 13:13, ガラテヤ
1:3, エペソ 1:2, 6:23, ピリピ 1:2, 2:11, 3:20, 4:23, Ⅰテサロニケ 1:1, Ⅱテサロニケ
1:1, 1:2, 1:12, 3:12, ピレモン 3, 25 節, 使徒 11:17, 28:31, ヤコブ 1:1。
[15] ローマ 5:1, 5:11, 15:6, 15:30, Ⅰコリント 1:2, 1:7, 1:8, 1:10, 15:57, Ⅱコリント
1:3, 8:9, ガラテヤ 6:14, 6:18, エペソ 1:3, 1:17, 5:20, 6:24, コロサイ 1:3, Ⅰテサロ
ニケ 1:3, 5:9, 5:23, 5:28, Ⅱテサロニケ 2:1, 2:14, 2:16, 3:6, 3:18, Ⅰテモテ 6:3,
6:14, 使徒 15:26, ヤコブ 2:1, Ⅰペテロ 1:3, Ⅱペテロ 1:8, 1:11, 1:14, 1:16, 2:20,
3:18, ユダ 4, 17, 21 節。

のであろうか。例えば，Ⅱテサロニケ 2:16 にある ὁ κύριος ἡμῶν Ἰησοῦς Χριστὸς καὶ [ὁ] θεὸς ὁ πατὴρ ἡμῶν は，「私たちの父なる／父である神」と対応して，「私たちの主なる／主であるイエス・キリスト」と読むことができるのではないか。またⅡペテロ 1:11, 3:18 の τοῦ κυρίου ἡμῶν καὶ σωτῆρος Ἰησοῦ Χριστοῦ においても，「主」は固有名詞というより，「救い主」と共にイエス・キリストを修飾する称号となっている。ὁ κύριος ἡμῶν Ἰησοῦς Χριστός という組み合わせにおいて，代名詞 ἡμῶν が κύριος Ἰησοῦς Χριστός 全体にかかっていると見ることもできるので，この形のすべてが「私たちの主であるイエス・キリスト」と訳すべきであるかどうかは不明であるが，少なくとも κύριος Ἰησοῦς Χριστός というストレートな表現と違い，「私たちの主・イエス・キリスト」といった理解に対して開かれているべきではないか。

　さらに検討すべきは Ἰησοῦς Χριστός ὁ κύριος ἡμῶν（あるいは μου，あるいは代名詞無し）という表現である。これはパウロ書簡で 13 回，全体で 15 回見出される。[16] これは ὁ κύριος ἡμῶν Ἰησοῦς Χριστός と比べてみると，固有名詞としての「イエス・キリスト」について，「私たちの主」という修飾語が付加されたという印象は拭えない。たとえば，ローマ 1:4 に τοῦ ὁρισθέντος υἱοῦ θεοῦ ἐν δυνάμει κατὰ πνεῦμα ἁγιωσύνης ἐξ ἀναστάσεως νεκρῶν, Ἰησοῦ Χριστοῦ τοῦ κυρίου ἡμῶν とあるが，「聖なる霊によれば，死者の中からの復活により，力ある神の子として公に示された方，イエス・キリスト，私たちの主です」と訳すことができるのではないか。[17] 同じく ピリピ 3:8 に ἡγοῦμαι πάντα ζημίαν εἶναι διὰ τὸ ὑπερέχον τῆς γνώσεως Χριστοῦ Ἰησοῦ τοῦ κυρίου μου とあるが，「私の主であるキリスト・イエスを知っていることのすばらしさのゆえに，私は

---

16 ローマ 1:4, 5:21, 6:23, 7:25, 8:39, Ⅰコリント 1:9, 15:31, エペソ 3:11, ピリピ 3:8, コロサイ 2:6, Ⅰテモテ 1:2, 1:12, Ⅱテモテ 1:2, Ⅱペテロ 1:2, ユダ 25 節。
17 多くの英訳がこの節を "Jesus Christ our Lord" と結んでいる（ASV, NIV2011, NRSV, ESV, NJB, BBE 他）。

すべてを損と思っています」と訳すことができる。

　以上見てきたことからすると，κύριος と Ἰησοῦς と Χριστός の組み合わせ全体が固有名詞化しているので，κύριος を切り離せないという指摘はあまりにも大ざっぱ過ぎると言わなければならない。

　さて，Ⅱテサロニケに戻って，1:11 から 1:12 にかけての思想の流れ(ⅱ)を考察しよう。パウロは，父なる神の召しと働きが実現し，主イエスの名があがめられることになるよう祈っている。それが父なる神と主イエス・キリスト両者の恵みである，としていると理解することはもちろんできる。しかし，願うことの中心はイエスの名があがめられることであるから，このイエス・キリストこそ，「私たちの神であり主である」と記したと考えられなくはない。ローマ 9:5 の場合もそうであったように，イエスの御名があがめられることのすばらしさに心躍るパウロが，そのイエスにあってクリスチャンが栄光を受けるのは，ひとえにイエスの恵みによること，しかも「神であり主である」イエスの恵みによることなのだとしていると解することもできる。

　(ⅲ)のポイントであるが，人称代名詞 ἡμῶν の存在を，「神」と「主イエス」を別のものとする理由としては持ち出すことはできない。同じ様に 2 つの称号「主」と「救い主」の間に ἡμῶν が入っているⅡペテロ 1:11 や 3:18 では，明らかに「私たちの主」と「救い主」は一人の方，イエス・キリストを形容しているからである。また A ＋ 人称代名詞の属格 ＋ καί ＋ B という形式で，その人称代名詞が A と B 双方にかかる例も少なからずある。例えばⅠテサロニケ 2:9 にある τὸν κόπον ἡμῶν καὶ τὸν μόχθον は「私たちの労苦と辛苦」であり，同 2:20 の ἡ δόξα ἡμῶν καὶ ἡ χαρά は「私たちの栄光であり，（私たちの）喜び」である。またⅡペテロ 1:1 の ἐν δικαιοσύνῃ τοῦ θεοῦ ἡμῶν καὶ σωτῆρος Ἰησοῦ Χριστοῦ においても，「私たち」は「神」だけでなく「救い主」にもかかっていると理解できる。[18]

---

18 人称代名詞の属格が μου で同様に前後の名詞の両方にかかっている例としては，マタイ

(iv) の議論はどうか。そこで指摘されている事実は，むしろ正反対の解釈を求めているとも言えよう。興味深いことに，上記の 5 つの箇所（Ⅰテサロニケ 1:3，3:11，3:13，Ⅱテサロニケ 1:1，1:2）で，パウロは父なる神と主イエス・キリストの両者に言及しているが，その際単に「私たちの神」でなく，「私たちの父なる神」と表現している。そのように，父なる神とキリストの両者に言及するときには「父なる」を加えているパウロが，なぜ 1:12 では「父なる」を加えなかったのか。それは，そもそも父なる神ではなく，イエスを「私たちの神であり主である」と表現したかったからではないか。

(v) の議論は，κύριος が実質的に固有名詞であるから，冠詞がつくこともつかないこともあり，グランビル・シャープの法則は適用できないということであるが，上述したように必ずしも固有名詞とみなすことができないとすれば，その議論は力を失う。

最後に (vi) の議論で指摘された事実も，その詳細を調べると，別の視点に導く顕著な事実に行き着く。パウロは，挨拶の中で祝福を祈るとき，とりわけ「恵みがありますように」と祈るとき，以下のような書き方をしている。手紙の書き出しにおいては，1 つの例外（コロサイ 1:2）を除いて必ず，「恵み」が父なる神と，イエス・キリストの両方からあるようにと記しているが（ローマ 1:7，Ⅰコリント 1:3，Ⅱコリント 1:2，ガラテヤ 1:3，エペソ 1:2，ピリピ 1:2，Ⅱテサロニケ 1:2，Ⅰテモテ 1:2，Ⅱテモテ 1:2，テト 1:4，ピレモン 3 節），その場合必ず「父なる神」と明記して，イエスと区別している。その上，これらの箇所のすべてにおいて，「神」と「主イエス」はいずれも無冠詞で記され，Ⅱテサロニケ 1:12 のような，「神」の前にだけ冠詞がつけられているケースは他にない。こうした事実からすると，Ⅱテサ

20:23（ἐκ δεξιῶν μου καὶ ἐξ εὐωνύμων「わたしの右と左に」），22:4（οἱ ταῦροί μου καὶ τὰ σιτιστὰ τεθυμένα「私の雄牛や肥えた家畜」），マルコ 3:35（οὗτος ἀδελφός μου καὶ ἀδελφὴ καὶ μήτηρ ἐστίν「その人がわたしの兄弟，姉妹，母なのです」）が挙げられよう。

ロニケ 1:12 でも, もし, それが父なる神と主イエスの二者から出て来る恵みを語っているなら, どうして「神」を無冠詞で記し, しかも「父なる」という語をひと言加えなかったのか, 不思議ではないか。そうしていないこの箇所は, やはり「私たちの神であり主であるイエス・キリスト」と読むよう求めているということではないか。

ところで, 手紙の結びでも「恵み」を祈る言葉が記されることがある。牧会書簡 (Ⅰテモテ 6:21, Ⅱテモテ 4:22, テト 3:15) とコロサイ 4:18 では, 単に「恵みがあなたがた (の霊/すべて) とともにありますように」とあるが, その他の多くの箇所では, 「主イエス・キリストの恵み」がありますようにと書いていて, 父なる神に言及していない (ローマ 16:20, Ⅰコリント 16:23, Ⅱコリント 13:13, ガラテヤ 6:18, ピリピ 4:23, Ⅰテサロニケ 5:28, Ⅱテサロニケ 3:18, ピレモン 25 節)。それゆえ, Ⅱテサロニケ 1:12 で, 恵みの源泉として主イエスだけが単独で語られることは, 少しも不思議ではない。

結び

Ⅱテサロニケ 1:12 に関するかぎり, 確かに注解者たちの大半は協会共同訳のような受け取り方をし, 翻訳においても同じような判断が広く見られる。しかし, これまで見てきた事実を考慮するなら, ここでイエスが「神」と呼ばれている可能性は排除できない。[19] いやむしろ, イエスを「神」と呼んでいるという理解に立っての翻訳は, 十分成立し得ると言うべきであろう。

---

[19] Leon Morris は, 神と主イエス・キリストの両者への言及と採るが, 同時に「もう 1 つの可能性を排除することはできない。ともあれ, 私たちはキリストと神の近さ (closeness) を認めなければならない」と結んでいる。Leon Morris, *1 and 2 Thessalonians* (TNTC; Nottingham, England: Inter-Varsity Press, 1984), 123.

新約における旧約引用⑵
使徒 15:16-18

三浦　譲

1. 序

　本稿においては，使徒 15:16-18 におけるアモス 9:11-12 の引用について考える。まずは，アモス書とルカ文書の日本語訳を，新改訳第 3 版→新改訳 2017，新共同訳→協会共同訳という形で比べる。次に，アモス書のテキストを直訳的に MT → LXX →使徒の働きという形で比べる。その上で，使徒 15:16-18 において新改訳第 3 版→ 2017 で改訳した点を中心に考察する。最後に，当該箇所の引用問題を考察する上で生じてくる問題，または今後の新約における旧約引用研究において留意すべき点についてまとめることとする。

2. 旧約と新約の翻訳比較

　アモス書と使徒の働きにおける日本語訳を，第 3 版→ 2017，新共同訳→協会共同訳という形で比べると，以下のようになる。

【アモス 9:11-12】

● 新改訳第 3 版

11 その日，わたしは
ダビデの倒れている仮庵を起こし，
その破れを繕い，その廃墟を復興し，
昔の日のようにこれを建て直す。

● 新共同訳

11 その日には
わたしはダビデの倒れた仮庵を復興し
その破れを修復し，廃墟を復興して
昔の日のように建て直す。

12 これは彼らが，エドムの残りの者と，
わたしの名がつけられた
すべての国々を手に入れるためだ。
—— これをなされる**主**の御告げ ——

↓

12 こうして，エドムの残りの者と
わが名をもって呼ばれるすべての国を
彼らに所有させよう，と主は言われる。
主はこのことを行われる。

↓

● 新改訳 2017

11 その日，わたしは
倒れているダビデの仮庵を起こす。
その破れを繕い，その廃墟を起こし，
昔の日のようにこれを建て直す。
12 これは，エドムの残りの者と
わたしの名で呼ばれるすべての国々を，
彼らが所有するためだ。
—— これを行う**主**のことば。

● 協会共同訳

11 その日には
私はダビデの倒れた仮庵を起こし
その破れを修復し，廃墟を復興させて
昔の日のように建て直す。
12 こうして，彼らはエドムの生き残りの
者とわが名で呼ばれるすべての国民を
所有することになる。
—— このことを行われる主の仰せ。

【使徒 15:16-18】

● 新改訳第 3 版

16 この後，わたしは帰って来て，
倒れたダビデの幕屋を建て直す。
すなわち，廃墟と化した幕屋を建て直し，
それを元どおりにする。
17 それは，残った人々，すなわち，
わたしの名で呼ばれる異邦人がみな，
主を求めるようになるためである。
18 大昔からこれらのことを知らせて
おられる主が，こう言われる。

● 新共同訳

16 その後，わたしは戻って来て，
倒れたダビデの幕屋を建て直す。
その破壊された所を建て直して，
元どおりにする。
17-18 それは，人々のうちの残った者や，
わたしの名で呼ばれる異邦人が皆，
主を求めるようになるためだ。
昔から知らされていたことを
行う主は，こう言われる。

↓　　　　　　　　　　　↓

● 新改訳 2017　　　　　　● 協会共同訳

新改訳 2017	協会共同訳
16 その後，わたしは	16 その後，わたしは戻って来て，
倒れているダビデの仮庵を再び建て直す。	ダビデの倒れた幕屋を建て直す。
その廃墟を建て直し，	その破壊された所を建て直して
それを堅く立てる。	元どおりにする。
17 それは，人々のうちの残りの者と	17-18 それは，人々のうちの残った者や
わたしの名で呼ばれるすべての異邦人が，	私の名で呼ばれるすべての異邦人が
主を求めるようになるためだ。	主を求めるようになるためである。
18 ── 昔から知らされていたこと，	昔から知らされていたことを
それを行う主のことば。	行う主は　こう言われる。

　旧約と新約の日本語訳を上記のように比較すると，旧約・新約とも，新共同訳→協会共同訳の流れにおいては大きな改訳を見ることはない。しかし，新改訳第3版→新改訳2017の流れにおいては，旧約・新約ともに大きな改訳を見る。旧約の箇所においては，これまで新改訳第3版よりも新共同訳が正しく訳していた部分もある。その点は新改訳2017において改められた。しかし本稿において明らかになることは，特に新約の箇所については協会共同訳はさらなる検討が必要なのではないかということである。

　旧約の箇所について言えば，新改訳第3版においては，アモス9:12が「わたしの名がつけられたすべての国々」となっていたが，2017においては「わたしの名で呼ばれるすべての国々」となる。新共同訳ではすでにそのような訳であったが，אֲשֶׁר־נִקְרָא שְׁמִי עֲלֵיהֶם（"who my name is called over them"）といった表現は例えばイザヤ63:19「私たちは，とこしえから，あなたに支配されたこともなく，御名で呼ばれたこともない者のようです（לֹא־נִקְרָא שִׁמְךָ עֲלֵיהֶם）」にも見られ，すでに新改訳第3版でもイザヤ63:19は「あなたの御名で呼ばれたこともない者」と訳されていた。こ

の箇所はそのようなレベルの修正である。

　しかし留意すべきは，新改訳 2017 の特に新約側における旧約引用の改訳である。ここでは 3 箇所を以下のような順に取り上げる。

　⑴「残った人々，すなわち，わたしの名で呼ばれる異邦人がみな」

　　　　　　　↓

　　「人々のうちの残りの者とわたしの名で呼ばれるすべての異邦人が」

　⑵「わたしは帰って来て，倒れたダビデの幕屋を建て直す」

　　　　　　　↓

　　「わたしは倒れているダビデの仮庵を再び建て直す」

　⑶「それを元どおりにする」

　　　　　　　↓

　　「それを堅く立てる」

　しかしまた，この新改訳 2017 の理解は当該箇所における神学的理解とも深く関わる。最後に⑷として「使徒 15:16 の『ダビデの仮庵』の意味」についても指摘することとする。

3. アモス 9:11-12 のテキスト

　次に，アモス 9:11-12 のテキストを直訳的に MT → LXX → 使徒の働きという形で比べてみることとする。

【アモス 9:11-12（MT）】	【アモス 9:11-12（LXX）】	【使徒 15:16-18】
11 その日	11 その日	16 その後
わたしは起こす（אָקִים）	わたしは起こす（ἀναστήσω）	わたしは再び建て直す
		（ἀναστρέψω καὶ ἀνοικοδομήσω）
倒れているダビデの仮庵を	倒れているダビデの仮庵を	倒れているダビデの仮庵を
（אֶת־סֻכַּת דָּוִיד）	（τὴν σκηνὴν Δαυιδ）	（τὴν σκηνὴν Δαυίδ）

繕い（וְגָדַרְתִּי）	建て直し（ἀνοικοδομήσω）	
その破れを	その倒れたところを	
その廃墟を	その廃墟を（τὰ κατεσκαμμένα）	その廃墟を（τὰ κατεσκαμμένα）
わたしは起こす（אָקִים）	わたしは起こす（ἀναστήσω）	わたしは建て直す（ἀνοικοδομήσω）
わたしはこれを建て直す	わたしはこれを建て直す	わたしはそれを堅く立てる
（וּבְנִיתִיהָ）	（ἀνοικοδομήσω）	（ἀνορθώσω）
昔の日のように	昔の日のように	
12 これは……ためだ	11 それは……ためだ	17 それは……ためだ
彼らが所有する		
エドムの残りの者と	人々のうちの残りの者と	人々のうちの残りの者と
すべての国々を	すべての国々が	すべての異邦人が
わたしの名で呼ばれる	わたしの名で呼ばれる	わたしの名で呼ばれる
	求めるようになる	主を求めるようになる
主のことば	主のことば	主のことば
これを行う	これを行う	それを行う
		18 昔から知らされていたこと

　この表では特に使徒 15:16 の分析に今回の 2017 の特徴が表れるが，その点を中心に次項で説明することとする。

4. 新改訳 2017 の使徒 15:16 におけるアモス 9:11-12 の旧約引用の改訳

⑴「残った人々，すなわち，わたしの名で呼ばれる異邦人がみな」

　　　↓

　「人々のうちの残りの者とわたしの名で呼ばれるすべての異邦人が」

　使徒 15:17 のテキストは，以下のように LXX アモス 9:12 とほとんど同じである。

【使徒 15:17】　　　　　　　　　　　　【LXX アモス 9:12】

ὅπως ἂν ἐκζητήσωσιν　　　　　　　　ὅπως ἐκζητήσωσιν

οἱ κατάλοιποι τῶν ἀνθρώπων τὸν κύριον　οἱ κατάλοιποι τῶν ἀνθρώπων

καὶ πάντα τὰ ἔθνη　　　　　　　　　καὶ πάντα τὰ ἔθνη,

ἐφ᾽ οὓς ἐπικέκληται τὸ ὄνομά μου　　　ἐφ᾽ οὓς ἐπικέκληται τὸ ὄνομά μου

ἐπ᾽ αὐτούς　　　　　　　　　　　　　ἐπ᾽ αὐτούς

　アモス 9:12 における MT と LXX の間の読み替えの問題は別にして,[1] ル
カのテキストは LXX のテキストにほとんど類似する。ならば，新改訳第 3
版の「残った人々，すなわち……」ではなく，「人々のうちの残りの者と
……」という読みは自然だと言える。

　(2)「この後，わたしは帰って来て，倒れたダビデの幕屋を建て直す」
　　　　　　　↓
　「その後，わたしは倒れているダビデの仮庵を再び建て直す」

　2 つのことに留意する。第 1 は，「ダビデの幕屋」→「ダビデの仮庵」の
改訳である。アモス書では MT における סֻכַּת דָּוִיד が LXX では τὴν
σκηνὴν Δαυιδ となっている。MT における סֻכָּה が新改訳 2017 において
「仮庵」と訳される場合，LXX では σκηνοπηγία（申命 16:16, 31:10, ゼ
カリヤ 14:16, 18, 19）以外では σκηνή が用いられている（レビ 23:34,
42, 43, 申命 16:13, Ⅱサムエル 11:11, Ⅱ歴代 8:13, エズラ 3:4, ネヘミ
ヤ 8:14, 15, 16, 17, アモス 9:11, 詩篇 17:12〔2017 では 18:11〕）。それ
らの箇所においてはやはり סֻכָּה は「仮庵」という意味である。

　2017 の新約においては σκηνή は，ルカ 16:9 で「住まい」，ヘブル 11:9

---

1 「彼らが所有する」（יירשׁ）と「彼らが求める」（ידרשׁ）の読み替えと，「エドム」（אדום）
と「人々」（אדם）の読み替えの可能性の問題があるが，この点については例えば I. H.
Marshall, “Acts of the Apostles,” in *Commentary on the New Testament Use of the Old Testa-
ment*, ed. by G. K. Beale and D. A. Carson (Grand Rapids: Baker, 2007), 590 を参照のこと。

で「天幕」，そして当該箇所の使徒 15:16 で「仮庵」と訳される以外はすべて「幕屋」と訳され（マタイ 17:4，マルコ 9:5，ルカ 9:33，使徒 7:43, 44，ヘブル 8:2, 5, 9:2, 3, 6, 8, 11, 21, 13:10，黙示 13:6, 15:5, 21:3），それは通常「礼拝の場」を指す。使徒 15:16 は新改訳第 3 版では「幕屋」と訳されてきたが，引用元であるアモス書においてはそれは「仮庵」（סֻכָּה〔MT〕，σκηνή〔LXX〕）である。ルカのテキストでもそれは LXX に従って σκηνή である。特にこの箇所で σκηνή に「ダビデの」が付いた場合（τὴν σκηνὴν Δαυιδ），後述するが，それは「礼拝の場」というよりも「ダビデの家（国）」のことを指す。ゆえに，当該箇所は「ダビデの仮庵」でよいと思われる。

　第 2 は，「この後，わたしは帰って来て……建て直す」→「その後，わたしは……再び建て直す」の改訳である。これは，このたびの新改訳 2017 の新約における旧約引用の改訳を旧約部会と新約部会で合同に行ったゆえの結果であり，旧約部会からの提案が反映されている。当該節に対する理解としては画期的なことであり，旧約の側からの視点があってこその気づきだと言える。なぜなら，これまでのほとんどすべての訳においては，ルカのテキストに登場する ἀναστρέφω が「帰って来る」という意味に理解されてきたからである。新改訳 2017 以外にも日本語訳として新しい協会共同訳も，依然として「その後，わたしは戻って来て」と訳す。ESV も同様に "After this *I will return*" と訳す。[2] このたびの当該節に対する新改訳 2017 の訳は，読者のほとんどが一見誤訳とさえ思うかもしれないものである。しかしそもそも，MT と LXX のアモス書のテキストには「わたしは帰って来る」というようなことばは登場しない。果たしてこれはどういうことなのか。

　この点を解決するために，まずは注解者たちが使徒 15:16 の ἀναστρέφω に関連性を見るエレミヤ 12:15 前半部分の類似語 ἐπιστρέφω （"to turn"）

2　日本語訳としては，文語訳，口語訳，フランシスコ会訳，岩波委員会訳も同様である。英訳としては，ASV, KJV, NASB, NIV, NKJV, NRSV も同様である。

に注目することにする。

【LXX エレミヤ 12:15】

καὶ ἔσται μετὰ τὸ ἐκβαλεῖν με αὐτοὺς ἐπιστρέψω καὶ ἐλεήσω αὐτοὺς

これを注解者たちは，"And it will be after I have cast them out *I shall return* [*epistrepsō*] and have mercy on them" と訳す。[3] しかし新改訳 2017 では，MT の訳として当該箇所を「しかし，彼らを引き抜いた後，わたしは再び彼らをあわれみ」(וְהָיָה אַחֲרֵי נָתְשִׁי אוֹתָם אָשׁוּב וְרִחַמְתִּים) と訳し，「再び」という語を付けるものの，「帰って来る」ということばを入れない。これは協会共同訳も同じである。

つまり，実際には MT のテキストにはאָשׁוּב ("to turn") があるが，それを「帰って来る」とは訳さない。ESV も "And after I have plucked them up, *I will again have compassion on them*" と訳す。これは，שׁוּב による "Verbal Hendiadys"（動詞の二詞一意）の用法によるものだと考えられるからである。つまり，שׁוּב の次に来る動詞の意味に対して שׁוּב は "to do something again" という機能を持つ。[4] BDB もこれを大きく "denoting repetition" の用法と捉えて，"do again," "do repeatedly," "reverse one's action," "restore to original condition by doing" などの意味を挙げる。[5]

LXX エレミヤ 12:15 では，שׁוּב に対して ἐπιστρέφω が用いられる。ゆえに LXX エレミヤ 12:15 の訳も，これまでの学者たちの理解とは違って，MT における理解と同様に「しかし，彼らを引き抜いた後，わたしは再び彼らをあわれむ」でよいと思われる。T. Muraoka も ἐπιστρέφω におけるその用法について，"followed by καί and another verb: **a.** underlining a

---

[3] Marshall, "Acts of the Apostles," 591. NETS (New English Translation of the Septuagint) も "And it shall be after I have cast them out, *I will turn* and have mercy on them" と訳す。

[4] T. O. Lambdin, *Introduction to Biblical Hebrew* (New York: Charles Scribner's Sons, 1971), 238; *HALOT*, 1428.

[5] BDB, 998.

change of heart or course of action... **b.** indicates doing once again what one did or used to do, reverting to the former state of affairs..." と説明する。[6]

しかし LXX では，שׁוּב の訳語として他にも ἀναστρέφω（他には ἀπο-στρέφω）がよく用いられる。[7] LXX における ἀναστρέφω + καί + 動詞では同様の用法のケースは見られない（Muraoka の辞書にもその用法は載らない）が，新約では使徒 15:16 における ἀναστρέφω が上記と同様の用法だと思われる。使徒 15:16 においては ἀναστρέφω + καί + ἀνοικοδο-μέω であったが，LXX においては ἐπιστρέφω + καί + ἀνοικοδομέω が以下のようにマラキ 1:4 に見られる。

【マラキ 1:4】
● MT

כִּי־תֹאמַר אֱדוֹם רֻשַּׁשְׁנוּ וְנָשׁוּב וְנִבְנֶה חֳרָבוֹת

たとえエドムが，「私たちは打ち砕かれたが，廃墟を建て直そう」と言っても

● LXX

διότι ἐρεῖ ἡ Ιδουμαία Κατέστραπται, καὶ *ἐπιστρέψωμεν καὶ ἀνοι-κοδομήσωμεν* τὰς ἐρήμους·

たとえエドムが，「（それは）打ち砕かれたが，私たちは廃墟を建て直そう」と言っても（私訳）

NETS（New English Translation of the Septuagint）は当該箇所をやはり "For Idumea will say, 'It is destroyed. And *let us return* and rebuild the desolate places'" と訳す。しかし上記の私訳のように，英訳ならば "...

6 T. Muraoka, *A Greek-English Lexicon of the Septuagint* (Louvain/Paris/Walpole: Peeters, 2009), 282.
7 *HALOT*, 1429.

And *let us rebuild* the desolate places" となるのだと思われる。Muraoka
も当該箇所を ἐπιστρέφω における "followed by καί and another verb" の
"**b.** indicates doing once again what one did or used to do, reverting to
the former state of affairs..." と理解する。そしてこの場合，ἀνοικοδομέω
だけで "to rebuild" の意味を持つゆえなのであろうが，"ἐπι. is redundant"
という説明を付け加える。[8] 使徒 15:16 においては ἐπιστρέφω の代わりに
ἀναστρέφω が用いられているのであって，この場合も同様の用法であり，
שׁוּב から来る "Verbal Hendiadys" の用法だと思われる。*TDNT* において
G. Betram が，それが שׁוּב の用法から来るものだとは言及しないにしても，
使徒 15:16 におけるアモス 9:11 の אָקִים と ἀναστρέφω の関係について
"... ἀναστρέφω καὶ ἀνοικοδομήσω is a double translation of אָקִים" と
言い，脚注で次のように補足する。"God will turn the overthrow of the
house of David and build up its lowliness..."[9]

　マラキ 1:4 の場合を参考にするならば，新改訳 2017 の使徒 15:16 を「わ
たしは倒れているダビデの仮庵を再び建て直す」としたが，「再び」を入れ
ずに「……仮庵を建て直す」だけでもいいのかもしれない。しかしここで
ἀναστρέφω が入ることによって「建て直す」の「直す」を強調しているの
だと思われる。ゆえに，日本語訳にも「再び」が入ることによって，「再
び」と「建て直す」の「直す」があえて "redundant" となってこれでよい
ようにも思われる。その場合，むしろマラキ 1:4 のほうを，あえて שׁוּב を
強調して，「廃墟を再び建て直そう」と訳してもいいのかもしれない。[10]

　いずれにしても，このように，שׁוּב が持つ用法がギリシア語の ἐπιστρέ-
φω や ἀναστρέφω に見られると思われる。しかし筆者の知る限り，新約に
おいては "Verbal Hendiadys" としての ἐπιστρέφω + καί + 動詞の用法は

8　Muraoka, *A Greek-English Lexicon*, 282.
9　*TDNT*, 7:715-717.
10　当該箇所を，協会共同訳は「……廃墟を新しく建て直す」と訳す。

見られない。また ἀναστρέφω ＋ καί ＋動詞の用法は，当該箇所の使徒
15:16 にしか見られない。[11] ゆえに，例えば BDAG などでは ἐπιστρέφω や
ἀναστρέφω におけるこの用法は説明されてこなかったと思われる。שׁוּב の
用法以外にも，新約の語彙と文法研究において我々が未だ気づいていない問
題点が残されているのではないか。そのためにも，新約のギリシア語の語彙
的・文法的用法について，なおヘブル語の用法から学ぶ点があるようにも思
われるのである。

　またルカのテキストは אָקִים に対して ἀναστρέφω と ἀνοικοδομέω の 2
語を用いることによって，LXX のテキストに比べて以下のようにさらに整
った文章構造となっていることを付け加えておく。

【LXX アモス 9:11】	【使徒 15:16】
ἐν τῇ ἡμέρᾳ ἐκείνῃ	μετὰ ταῦτα
ἀναστήσω	ἀναστρέψω
τὴν σκηνὴν Δαυιδ τὴν πεπτωκυῖαν	
καὶ	καὶ
ἀνοικοδομήσω	ἀνοικοδομήσω
τὰ πεπτωκότα αὐτῆς	τὴν σκηνὴν Δαυὶδ τὴν πεπτωκυῖαν
καὶ	καὶ
τὰ κατεσκαμμένα αὐτῆς	τὰ κατεσκαμμένα αὐτῆς
ἀναστήσω	ἀνοικοδομήσω
καὶ	καὶ
ἀνοικοδομήσω	ἀνορθώσω
αὐτὴν	αὐτήν
καθὼς αἱ ἡμέραι τοῦ αἰῶνος	

---

11 ちなみに，新約において "Verbal Hendiadys" としての ἀποστρέφω ＋ καί ＋動詞も見られ
ない。

　LXX アモス 9:11 は ἀναστήσω「起こす」＋目的語→ ἀνοικοδομήσω「建て直す」＋目的語→目的語＋ ἀναστήσω「起こす」→ ἀνοικοδομήσω「建て直す」＋目的語と並べられるが，ルカのテキストのほうは 2 語の動詞＋目的語，目的語＋ 2 語の動詞（＋目的語）でコンパクトに構成され，キアスティックに整った文章構造となる。そして LXX アモス 9:11 には見られなかった 2 つの動詞，ἀναστρέψω と ἀνορθώσω が当節の最初と最後に用いられていることとなる。

　また LXX アモス 9:11 は登場する 4 つの動詞が ἀναστήσω（× 2 回），ἀνοικοδομήσω（× 2 回）と，すべて ἀν-（an-）で始まり音韻的にも整っていたが，ルカのテキストも登場する 4 つの動詞の ἀναστρέψω, ἀνοικοδομήσω（× 2 回），ἀνορθώσω はすべて ἀν-（an-）で始まり，音韻的関連性を保持している。LXX では "Verbal Hendiadys" として ἐπιστρέφω ＋ καί ＋ ἀνοικοδομέω と，他の箇所では ἐπιστρέφω が用いられているところ（マラキ 1:4）で，当該箇所においては同節内の他の動詞と音韻的に類似する ἀναστρέφω が用いられているとも言えるし，またその ἀναστρέψω（ἀναστρέφω）が LXX のテキストに見られる ἀναστήσω に音韻的に類似しているのも興味深い。

　いずれにしても，ヤコブの引用したことばが記録される際に著者ルカが編集を加え，それによってダビデの仮庵が建て直されることの強調と，次項で詳細に述べるが，それはすなわちダビデに約束された王国の王座が再度堅く立てられる（Ⅱサムエル 7:13, 16）ことの強調が意図されたのではないかと思われる。

　以上のことから，新改訳 2017 では ἀναστρέψω καὶ ἀνοικοδομήσω を「わたしは……再び建て直す」と訳すが，そのような理解が上記に示した「3」の項目の MT → LXX →使徒の働きにおけるアモス 9:11-12 のテキスト比較の分析に表されている。そのテキスト比較を眺めると，ルカのテキス

トは MT と LXX のアモス書のテキストに比べ一見かなり違っているよう
に思われたとしても，そのテキストが語る内容はアモス書と何ら変わりはな
いということが見えてくる。つまり，MT と LXX のアモス 9:11 の内容と
は違わないけれども，使徒 15:16 のテキストのほうがより「建て直す」とい
う要素に焦点を当てながら，またそれは神のある意味大逆転のみわざを強調
しながら，アモス 9:11 の内容をコンパクトに語っているということなので
はないかと思われる。

(3)「それを元どおりにする」

「それを堅く立てる」

ルカのテキストでは，LXX アモス 9:11 には出てこない ἀνορθόω が使わ
れる。それによって，使徒 15:16 の引用においては当節の最初と最後の語が
LXX アモス 9:11 には出てこない語となる。BDAG は ἀνορθόω の意味を
"to build someth. up again after it has fallen, rebuild, restore" とするが，
LXX では 16 回の使用中かなりの頻度にわたって "to set" という意味で登
場し，特に少なくとも 6 箇所にわたってダビデ王国の王座に関連して登場す
る（Ⅱサムエル 7:13，16，Ⅰ歴代 17:12，14，24，22:10）。[12]

【Ⅱサムエル 7:13】
　　彼はわたしの名のために一つの家を建て，わたしは彼の王国の王座をと
　　こしえまでも堅く立てる（וְכֹנַנְתִּי／ἀνορθώσω）。

つまり，使徒 15:16-18 におけるアモス書引用には，ダビデに対する神の
約束の成就という意味合いが込められていると思われる。ゆえに新改訳
2017 では，使徒 15:16 の ἀνορθόω を「堅く立てる」とし，Ⅱサムエル

---

12 LXX では，ἀνορθόω の「堅く立てる」の意味は他に，「ダビデ／人」（詩篇 17:36，
　19:9，144:14，145:8），「家」（箴言 24:3），「世界」（エレミヤ 10:12，33:2），「乳房」（エゼ
　キエル 16:7）に対して用いられる。

7:13 との関連性を示そうとした。そして使徒 15:16 の「堅く立てる」の脚
注には「II サム 7:13, 16」と入り，また新改訳 2017 のアモス 9:11 の「ダ
ビデの仮庵」にも脚注として「II サム 7:11」と入ることとなった。

⑷ 使徒 15:16 の「ダビデの仮庵」の意味
　上記の⑵で扱った点，つまりは「わたしは帰って来て」ということばを
入れずに，「わたしは倒れているダビデの仮庵を再び建て直す」と訳すとい
うことと，⑶で扱った点，つまりは ἀνορθόω がダビデ王国の王座に関連す
ること，この 2 点は重要だと思われる。なぜなら，このたびの新改訳 2017
の理解は，使徒 15:16-18 に引用されるアモス 9:11-12 が，その旧約の文脈
で語られている意味と同じであることを示しているからである。

　実は，最近になって使徒 15:16 における「ダビデの仮庵」がこれまで伝統
的に理解されてきた「ダビデ王国」ではなく「終末的神殿（the eschatolog-
ical temple)」を指しており，それが「クリスチャン・コミュニティー」で
あるのだと理解する向きがある。それは特に R. Bauckham に代表される。[13]
外典のトビト書 13:11（「主にふさわしく感謝を捧げとこしえの王をほめた
たえよ。そうすれば，お前の天幕〔ἡ σκηνή〕は再び喜びのうちにお前のた
めに建てられる。……」〔10 節〕）をも参考にしながら，Bauckham はかな
り入り組んだ複雑な議論を展開する。

　新約における旧約引用についてはまだ最新の注解書だと言える *Commen-
tary on the New Testament Use of the Old Testament* において「使徒の働
き」を担当した I. H. Marshall は，アモス書における「ダビデの仮庵」につ
いて以下のように言う。

---

[13] R. Bauckham, "James and the Gentiles (Acts 15.13-21)," in *History Literature, and Society
in the Book of Acts*, ed. B. Witherington, III (Cambridge: Cambridge University Press, 1996),
154-184; idem, "James and the Jerusalem Church," in *The Book of Acts in Its First Century
Setting: Volume 4 Palestinian Setting*, ed. R. Bauckham (Grand Rapids: Eerdmans, 1995),
453-457.

… there will be restoration, specifically of "the booth of David"; this
odd phrase can hardly refer to the temple (which was not built by
David) but could refer to the "house of David," the term "booth" sig-
nifying its weakness and temporariness until God sees fit to restore it
"as in the days of old."[14]

　そして Marshall は，ルカのテキストにおける「ダビデの仮庵」について
も "in the present context in Acts it seems that God is to restore the fallen
dynasty of David and all that appertains to it" と言う。[15] しかしその後
Marshall は，その明確な評価をすることなしに Bauckham の「終末的神
殿」説をかなりの誌面を割いて紹介する。[16] けれども本当にルカのテキスト
における「ダビデの仮庵」は「終末的神殿」を意味しているのだろうか。筆
者の疑問は，「ルカのテキストにおいてアモス 9:11-12 が引用されたとき，
その意味するところが旧約の意味するところと違うのか」という点である。

　ここで Bauckham の説に対して詳細な議論をすることはしないが，[17] 特に
Bauckham の語彙的な主張に留意すると，Bauckham はルカのテキストの
引用において LXX アモス 9:11 の ἀνίστημι を避けて，ἀνοικοδομέω と
ἀνορθόω が用いられているのは「ルカのテキストが『建物』の再建につい
て語っているからだ」と言う。[18] 確かに LXX において ἀνοικοδομέω は町
（／エルサレム）や神殿等の再建についてよく用いられる。[19] しかし興味深い

14 Marshall, "Acts of the Apostles," 590.
15 Ibid., 591.
16 Ibid., 591-592.
17 詳しくは，Y. Miura, *David in Luke-Acts: His Portrayal in the Light of Early Juda-
　ism* (WUNT 2/232; Tübingen: Mohr Siebeck, 2007), 190-194 を参照のこと。
18 Bauckham, "James and the Gentiles (Acts 15.13-21)," 157; idem, "James and the Jerusalem
　Church," 455.
19 「町（／エルサレム）の再建」（申命 13:17〔16〕，エズラ 4:13，ネヘミヤ 2:5，マラキ
　1:4），「神殿の再建」（エズラ 6:14，ゼカリヤ 1:16），「家」（箴言 24:27，ミカ 1:10），「道」
　（ホセア 2:8）。

ことに，エレミヤ書では ἀνοικοδομέω は建物ではなく，王国について言及される。

【LXX エレミヤ 18:9（私訳）】
　最後に，わたしは，一つの国，一つの王国について，建て直し（τοῦ ἀνοικοδομεῖσθαι），植えると言おう。

　他にも，ἀνοικοδομέω は以下のように，エレミヤ書で 1:10 と 24:6 に登場する。

【LXX エレミヤ 1:10（私訳）】
　見なさい。わたしは今日，あなたを諸国の民と王国の上に任命する。引き抜き，引き倒し，滅ぼし，建て（ἀνοικοδομεῖν），また植えるために。

【LXX エレミヤ 24:6（私訳）】
　わたしは，彼らを幸せにしようと彼らに目をかける。彼らを幸せにしようと彼らをこの地に帰らせ，彼らを建て直して（ἀνοικοδομήσω），壊すことなく，彼らを植えて，決して引き抜くことはない。

　このように，エレミヤ書で ἀνοικοδομέω が用いられる箇所は，アモス 9:11-12 の直後の 14-15 節のイメージと重なるということも留意すべき点である。

【LXX アモス 9:14-15（私訳）】
　¹⁴ わたしは，わたしの民イスラエルの捕囚を回復させる。
　彼らは荒れた町々を建て直して住み，
　ぶどう畑を作って，そのぶどう酒を飲み，
　果樹園を作って，その実を食べる。
　¹⁵ わたしは，彼らを彼らの地に植える。
　彼らは，彼らの地から，もはや引き抜かれることはない。
　── 神，万軍の主は言われる。

　それに加えて，すでに述べたとおり，ルカのテキストに見られる ἀνορ-θόω が LXX においてはダビデ王国の王座を「堅く立てる」という意味でも使われる（Ⅱサムエル 7:13，16，Ⅰ歴代 17:12，14，24，22:10）のである。つまり，ルカのテキストで用いられている語彙的観点からも，使徒 15:16 における「ダビデの仮庵」がダビデ王国を示していることは明白なのではないかと思われる。

5. おわりに

　当該箇所の引用問題を考察するだけでも，新約における旧約引用研究全般において，いくつか留意すべき点が出てきたものと思われる。今回は以下の 3 点を挙げる。

　(1) 新約著者が旧約を引用する場合，旧約のテキストにおける意味とはかけ離れた方向性で引用はしていないのではないか。
　(2) 新約著者が旧約のことばに変化を与えて引用する場合，それでも旧約のテキストが語ろうとする方向性とはかけ離れているのではないと同時に，しかしそこに新約著者の強調点が表れているのではないか。
　(3) 新約著者による旧約引用を正しく理解するためには，時にギリシア語のみの語彙・文法研究に留まらずに，MT のヘブル語やその用法にまで遡る必要があるのではないか。

　今後，さらに多くの旧約引用テキストに当たる中で，以上のような点が確認され，また確信が与えられていけば幸いであると思われる。

聖書ヘブル語における
「奪うこと」に関わる語の整理

平塚治樹

はじめに

　聖書ヘブル語には,「奪う[1]」を意味する語が複数存在する。出現回数が多い語の中では, 一般に「盗む」と訳される語根 גנב, 力づくで奪うことを意味すると思われる גזל, その類義語である עשק がある。軍事的な文脈で現れる語としては, שסס／שסה,[2] בזז, שלל を挙げることができる。これらの語の意味は, より厳密には, どのように異なるのであろうか。

　現在参照することのできるヘブル語辞典[3]では, 各語の意味についての詳しい解説は載っているものの, 互いの意味領域の関係については十分に整理されているとは言い難い。このような状況は, 日本語聖書における訳語の使用からも伺い知ることができる。例えば, 新改訳2017で「盗む」「奪う」「奪い取る」「奪い去る」「かすめる」「かすめ取る」「かすめ奪う」「略奪す

---

1 本小論では,「奪う」という日本語を「所有主の意志に反して, 所有できなくさせたり, 無理に自分のものにしたりする」(『広辞苑』第7版) という意味で, ヘブル語動詞の説明に使用する。「奪う」が「力づくで人の物を自分の物にする」(『日本国語大辞典』第2版, 傍線筆者) ことを意味する場合もあるが, この意味には限定しない。

2 שסס と שסה は, שס という初めの2子音の語根において意味が共通しており, 第3子音は意味の違いをもたらさない可能性がある (GKC §77 参照)。*HALOT* によれば, שסס は שסה の "by-form"「第2形態」である。

3 *TDOT*; *NIDOTTE*; Ernst Jenni & Claus Westermann, eds., *Theological Lexicon of the Old Testament* (Peabody, MA: Hendrickson, 1997).

る」といった訳語を調べてみると，それぞれ，様々なヘブル語に対して用いられていることが観察される。

「盗む」	גנב, לקח, קבע
「奪う」	בזז, שסה, שסס, שבה, חלץ, ירש, שלל, אחז, לקח, קבע, גזל
「奪い取る」	גזל, בזז, לקח, שסה, שסס, ירש, חתף, חזק
「奪い去る」	שבה, גנב, גזל
「かすめる」	גזל, בזז, ערר
「かすめ取る」	בזז, גזל
「かすめ奪う」	בזז
「略奪する」	גזל, בזז, שלל, שסה, שסס, לקח

　以上のうち，例えば「盗む」は，גנבに対して最も多く用いられ，「奪う」「奪い取る」「略奪する」「かすめる」「かすめ取る」は，גזלやבזז の訳語として現れる。ただし，日本語の「かすめる」は，「速く行われる」動作を表す語であり，[4]「すばやく盗む」という意味を示すことが多いようである。従って，「奪い取る」「略奪する」とも訳し得るגזלやבזז を「かすめる」と訳す場合，גנבとの違いにも留意する必要があると思われる。訳語の選定は個々の文脈に左右され，異なるヘブル語間の意味が重なる場合も想定され得るが，まずは，類義語の共通点と相違点を整理する必要があるであろう。以上のことを踏まえ，本小研究は，聖書ヘブル語における「奪うこと」に関わる語の意味を整理することを目的とする。

1. 軍事的な意味に限定されない語

　冒頭で示したように，「奪う」を意味するヘブル語は，軍事的な意味に限定される語と，そうではない語に大別することができる。まずは，後者の分

---

4 『日本国語大辞典』第 2 版（小学館，2001 年），「かすめる」の項の解説を参照のこと。

類に当てはまる語として，גנב，גזל，עשק の意味を確認したい。これらの語の違いについて，筆者はすでに別の機会に検討したが，[5] 以下，その議論を要約するとともに，新たな考察を加えて提示したい。

■ גנב と גזל

　これら2つの語の違いは，比較的よく知られている通りである。すなわち，גנב は「密かに奪う」または「盗む」を意味し，גזל は「力ずくで奪う」ことを意味する。[6] 特に，גנב とともに比較的多く現れる語に סתר「隠す」（Ⅱ列王 11:2, cf. Ⅱ歴代 22:11，箴言 9:17），שקר「偽る」（レビ 19:11，エレミヤ 7:9，ホセア 7:1，ゼカリヤ 5:4），כחש「欺く・否む」（レビ 19:11，ヨシュア 7:11，箴言 30:9）があることは，גנב の意味に「秘匿性」すなわち「誰かに知られないように行う」という要素があることを強く示唆している。[7] このような意味は，גנב が人を対象とする用例（カル：出エジプト 21:16，申命 24:7，Ⅱサムエル 19:41〔MT：42〕，Ⅱ列王 11:2，Ⅱ歴代 22:11，プアル：創世 40:15）においても同様である。[8] גזל については，暴力を伴う多くの用例等（Ⅱサムエル 23:21, cf. Ⅰ歴代 11:23，士 21:23，箴言 22:22，ミカ 3:2 他）から，「力ずくで奪う」という意味があることに疑いの余地はないであろう。

　גנב と גזל の違いが特に際立っている箇所として，レビ 19:11-14 を挙げることができる。

5　拙論「גנב の意味と第八戒の意図」*Exeg 28* (2019).

6　W. R. Domeris, "גנב," *NIDOTTE*, 1:863.

7　ただし，ピエル形については，議論の余地があるかもしれない。詳しくは，*HALOT* の当該箇所および津村俊夫「『わたしのことばを盗み合う預言者たち』（エレミヤ書 23 章 30 節）」*Exeg 28*（2019）を参照されたい。

8　Sprinkle は，人さらいの場合（人が人を גנב する場合）には，力ずくであろうから，密かな行為にあたらないと考える（J. M. Sprinkle, 'Theft and Deprivation of Property,' *DOTP*, 841）。もちろん，גנב の行為者とその対象にとってはそうであるかもしれない。しかし，第三者に対しては，やはり，密かな行為であると言える（cf. 申命 24:7）。

¹¹盗んではならない（לֹא תִּגְנֹבוּ）。欺いてはならない。互いに偽って
はならない。

¹²あなたがたは，わたしの名によって偽って誓ってはならない。そのよ
うにして，あなたの神の名を汚してはならない。わたしは**主**である。

¹³あなたの隣人を虐げてはならない（לֹא־תַעֲשֹׁק）。かすめてはならな
い（לֹא תִגְזֹל）。日雇い人の賃金を朝まで自分のもとにとどめておいて
はならない。

¹⁴あなたは耳の聞こえない人を軽んじてはならない。目の見えない人の
前につまずく物を置いてはならない。あなたの神を恐れよ。わたしは**主**
である。

（新改訳 2017⁹）

גנב を含む 11-12 節で禁じられていることの共通点は，人や神を騙そうと
するという点であり，גזל が現れる 13-14 節における共通点は，弱い立場に
ある者に対する直接的・間接的な暴力であると言える。

■ גזל と עשׁק

上記のレビ 19:13 では，גזל と עשׁק が隣接して現れているが，これら 2
つの語は類義語であり，この他にも，頻繁にセットで現れる（レビ 6:2,
6:4, 申命 28:29, エレミヤ 21:12, エゼキエル 18:18, 22:29, ミカ 2:2, 詩
篇 62:10)。両者の意味は，どのように異なるのであろうか。

どちらも，力の行使を伴う行為であると考えられるが，1 つの違いとし
て，עשׁק には，明確に物理的な暴力を示唆する用例は見当たらないという
点を挙げることができる。後者は，'oppress, wrong, extort'（BDB,
NIDOTTE)，'exploit'（*TDOT*)，'defraud'（*DCH*）などと訳されること
が多いが，具体的にどのような行為を指すのか不明な用例が多い。しかし，
Milgrom は，עשׁק の 2 つの具体的なケース（two concrete cases）とし
て，⑴賃金の支払いをとどめること，⑵債務不履行の際に担保を没収する

---

9 以後，日本語訳は新改訳 2017 を引用する。

ことを挙げている。[10] 例えば，申命 24:10-15 ではこの 2 つの行為が禁じら
れ，「貧しく困窮している雇い人は……虐げてはならない（לֹא־תַעֲשֹׁק）」
と言われている（14 節）。マラキ 3:5 には，「不正な賃金で雇い人を虐げ」
（וּבְעֹשְׁקֵי שְׂכַר־שָׂכִיר）という言い方も現れる。[11] 他方，ホセア 12:7 [8]
には，以下のようにある。

　　商人は手に欺きの秤を持ち，
　　虐げること（לַעֲשֹׁק）を好む。

　この用例は，Milgrom が指摘した上記(1)，(2)のケースに加えて，(3)売買
を通して不当に利益を奪うケースであると言えよう。これらの用例から，
עשׁק にも「奪う」という意味があると言えるが，それらは גזל のように，
物理的な暴力を伴うわけではない。[12]

　גזל と עשׁק にはまた，目的語に違いがある。גזל が直接目的語に人格的
存在を取ることは比較的少ないが（創世 31:31，士師 9:25，21:23，ヨブ
24:9），עשׁק の場合，能動態動詞のほとんどが目的語に人を取る。[13] 後者の
場合，目的語となる人は，虐げの対象としての「被害者」であり，「略奪
物」として扱われるわけではない。この違いは，ミカ 2:2 によく表れている。

10　Jacob Milgrom, *Leviticus 1-16* (AB Commentary; New Haven: Yale University Press, 1991), 337.

11　こうした用例を基に Milgrom は，"in ʿāšaq the acquisition is legal whereas in gāzal it is illegal" (ibid., 337) と結論づけるが，גזל と עשׁק はどちらも律法においては「非合法」(illegal) な行為である（レビ 19:13）。

12　עשׁק は，通常物理的破壊を意味する רצץ とともに現れるが（申命 28:33，I サムエル 12:3-4，エレミヤ 22:17，ホセア 5:11，アモス 4:1），これらの רצץ の用例はいずれも比喩的であると考えられる。רצץ は，字義的には物理的打撃または破壊を意味し（士師 9:53，II 列王 18:21，詩篇 74:13-14，伝道 12:6，イザヤ 36:6, cf. エゼキエル 29:7），比喩的な用法において「虐げ」を意味することがあるが（士師 10:8，イザヤ 58:6，ヨブ 20:19，II 歴代 16:10），עשׁק と違い，この語自体に「奪う」という意味があるわけではないと考えられる。

13　E. Gerstenberger, 'עָשַׁק,' *TDOT* 11:412 参照。

וְחָמְדוּ שָׂדוֹת וְגָזָלוּ וּבָתִּים וְנָשָׂאוּ
וְעָשְׁקוּ גֶּבֶר וּבֵיתוֹ וְאִישׁ וְנַחֲלָתוֹ: פ

彼らは畑を欲しがって，これをかすめ，

家々を取り上げる。

彼らは人とその持ち家を，

人とその相続地をゆすり取る。

חמד，גזל，נשא の目的語は「畑」や「家々」であるが，עשק の目的語は「人とその家」（גֶּבֶר וּבֵיתוֹ）及び「人とその相続地」（אִישׁ וְנַחֲלָתוֹ）であり，どちらにおいても人格が先行している。גזל の焦点は強奪行為そのものにあるが，עשק の場合は，被害者に焦点があると言えよう。したがって，新改訳 2017 の「人……をゆすり取る」という訳は，再考する必要があると思われる。

さらに，עשק の人格的対象は，社会的弱者である場合（申命 24:14，エレミヤ 7:6，エゼキエル 22:7，29b，ゼカリヤ 7:10，マラキ 3:5，箴言 22:16，伝道 5:8）が多いことを踏まえると，この語は，エージェント（動作主）とその対象の間の社会的・経済的な力関係を前提としていると想定できるのではないか。それゆえ，すでに述べたように，(1)賃金を支払わない，(2)担保を返さない，(3)売買において欺く，といったケースが עשק の具体例に含まれるのだと考えることができる。

もう 1 箇所，גזל と עשק がともに現れる用例を確認したい。エゼキエル 18 章では，父と子がそれぞれ，自分自身の行いの報いを受けるということが語られる。

10しかし，彼が子を生み，その子が無法者で，人の血を流し，先に述べたことの一つにでも違反する場合，

11すなわち，それらすべてのことをしようともせず，かえって丘の上で

食事をし，隣人の妻を汚し，

12乏しい人や貧しい人を<u>虐げ</u>（הוֹנָה），<u>物をかすめ取り</u>（גְּזֵלוֹת גָּזָל），質物を返さず，偶像を仰ぎ見，忌み嫌うべきことをし，

13利息をつけて貸し，高利を取ったなら，こういう者ははたして生きるだろうか。彼は生きられない。これらすべての忌み嫌うべきことをしたのだから，必ず死ぬ。その血の責任は彼自身にある。

14ただし，彼が子を生み，その子が父の行ったすべての罪を見て反省し，そのようなことを行わない場合には，

15すなわち，丘の上で食事をせず，イスラエルの家の偶像を仰ぎ見ず，隣人の妻を汚さず，

16だれも<u>虐げず</u>（לֹא הוֹנָה），質物をとどめておかず，<u>物をかすめ取らず</u>（גְּזֵלָה לֹא גָזָל），飢えている者に自分の食物を与え，裸の者に衣服を着せ，

17貧しい者を苦しめることから手を引き，利息や高利を取らず，わたしの定めを行い，わたしの掟に従って歩むなら，そのような人は自分の父の咎のゆえに死ぬことはなく，必ず生きる。

18彼の父は<u>虐げを行い</u>（עָשַׁק עֹשֶׁק），兄弟の<u>物をかすめ取り</u>（גָּזַל גֵּזֶל），良くないことを自分の民の中で行ったのだから，確かに自分の咎のゆえに死ぬ。

　18節の「彼の父は<u>虐げを行い</u>（עָשַׁק עֹשֶׁק），兄弟の<u>物をかすめ取り</u>（גָּזַל גֵּזֶל），良くないことを自分の民の中で行った」というのは，10-13節の内容を要約していると考えられる。12節ではすでに，גְּזֵלוֹת גָּזָל と言われていた。他方，עָשַׁק עֹשֶׁק とはおそらく，「質物を返さず」（12節）「利息をつけて貸し，高利を取った」（13節）ことを指していると考えられる。[14]

---

[14] ちなみに，12節と16節に現れる הוֹנָה も，新改訳 2017 では「虐げる」と訳されている。この語は，ここ以外にも二度，עֹשֶׁק とともに現れ（エゼキエル 22:7, 29），両者は類義語であると考えられるが，厳密な違いについては，今後の研究課題としたい。

この箇所からも，גזל が物理的な暴力を伴う一方で，עשק は社会的・経済的な力を利用して奪い，虐げることを意味すると理解することができる。

ここまでのまとめとして，גנב, גזל, עשק の意味の特徴を単純化し，以下のように表すことができると思う。

גנב　奪う＋秘匿性
גזל　奪う＋物理的な力[15]
עשק　奪う＋社会的・経済的な力

個々の文脈にも依るが，暫定的な案として，גנב に対して「盗む」，גזל には「奪う」「奪い取る」，עשק には，人格を対象とすることを考慮し，「虐げる」「搾取する」といった訳語を用いることを提案したい。

2. 軍事的な意味を表す語

続いて，軍事的文脈において奪うこと，すなわち「略奪」を意味するヘブル語を検討したい。頻度の高い語として，שסס／שסה, בזז, שלל を挙げることができる。語根שלל に限っては，שָׁלָל という名詞形で現れることが圧倒的に多いため，まずは，שסס／שסה と בזז を比較する。

■ שסס／שסה と בזז

שסס／שסה に対する בזז の違いは何であろうか。これらの語をいくつかの辞典（BDB, *HALOT*, *DCH*）で参照すると，いずれについても 'plunder' や 'spoil' とあり，意味の違いが不明瞭である。Domeris は，שסה についての議論において，בזז や שלל と同じく，特定の罪に対する神のさばきと直接関係のある略奪を表すとするが，これらの語の意味の違いには言及していない。[16]

---

15 比喩的な用法においては，この限りではない。
16 Domeris, *NIDOTTE* 4:198.

　しかし，それぞれの行為の対象を比較することを通して，意味の違いを吟味することができるのではないかと思う。いずれの語根も，様々な表現において現れるため，対象を判別する作業はやや複雑であるが，表にまとめると以下のようになる（ただし，対象が不明な用例は割愛し，בֹּז בָּזָה / בַּז という連語表現〔II 歴代 25:13，イザヤ 10:6，33:23，エゼキエル 29:19，38:12，13〕は，自動詞的な句であると思われるため，ここでは扱わない。また，イザヤ 42:22-24 の用例は説明を要するため，後述する）。

שָׁסַס / שָׁסָה の対象

表現	意味上の対象
能動態動詞の 直接目的語	【被害を受けた場所・人】イスラエル（士師 2:14），陣営（I サムエル 17:53），打ち場（I サムエル 23:1），私たち（詩篇 44:10 [11]，イザヤ 17:14），神のしもべ（詩篇 89:41 [42]），あなた（エレミヤ 30:16），宝物倉（ホセア 13:15） 【奪われたもの】蓄え（イザヤ 10:13）
カル受動分詞・ニフアルの主語	【被害を受けた場所】家々（イザヤ 13:16，ゼカリヤ 14:2）
連語 הָיָה + לְ + מְשִׁסָּה の主語	【被害を受けた人】残りの者（II 列王 21:14），あなたから略奪した者 [שֹׁאסֶיךָ]（エレミヤ 30:16），勇士？（ハバクク 2:7，cf.2:5） 【奪われたもの】財産（ゼパニヤ 1:13）
יַד שֹׁסִים を伴う表現	【被害を受けた人】イスラエル（士師 2:14，16，I サムエル 14:48），イスラエルのすべての子孫（II 列王 17:20）

בָּזַז の対象

表現	意味上の対象
能動態動詞の直接目的語	【被害を受けた場所・人】町（創世 34:27），陣営（II 列王 7:16），すべての町々（II 歴代 14:14），みなしご（イザヤ 10:2），東の子ら（イザヤ 11:14），私たち（イザヤ 17:14），領土（ゼパニヤ 2:9，cf.2:8）

	【奪われたもの】家にあるすべてのもの（創世 34:29），家畜（申命 2:35，3:7），分捕り物 [שָׁלָל]（申命 2:35，3:7，20:14，Ⅱ歴代 20:24，25，28:8，エステル 3:13，8:11），שָׁלָל・家畜（ヨシュア 8:2，27，11:14），動物・家畜・財産（民数 31:9），戦利品 [הַבַּז]（民数 31:32），富・労苦の実・宝・財産（エレミヤ 20:5），商品（エゼキエル 26:12），銀・金（ナホム 2:9 [10]），労苦の実（詩篇 109:11）
カル受動分詞・ニフアル・プアルの主語	【被害を受けた場所】地（イザヤ 24:3），宮殿（アモス 3:11） 【奪われたもの】財宝（エレミヤ 50:37）
連語 הָיָה + לְ + בַּז の主語	【被害を受けた場所・人】残りの者（Ⅱ列王 21:14），[擬人化された] ツロ（エゼキエル 26:5），[擬人化された] 町々（エゼキエル 36:4） 【奪われたもの】妻と子ども（民数 14:3），子ども（民数 14:31，申命 1:39），イスラエル（エレミヤ 2:14），らくだ（エレミヤ 49:32），[擬人化された] 羊（エゼキエル 34:8，22，28）
連語 נָתַן + לְ + בַּז の直接目的語	【被害を受けた人】彼ら [嘲る人々]（ネヘミヤ 4:4 [3:36]），かすめ奪った者たち [בֹּזְזִים]（エレミヤ 30:16，エゼキエル 39:10），オホラとオホリバ（エゼキエル 23:46），アンモン人（エゼキエル 25:7） 【奪われたもの】財産・宝物（エレミヤ 15:13，17:3），像（エゼキエル 7:21）
その他	【奪われたもの】牧場（エゼキエル 36:5）

שׁסס／שׁסה も בַּז も，人・物・場所をその対象にとり得ることが観察される。ただし，בַּז は，【被害を受けた場所・人】と【奪われたもの】（略奪物）の両方を対象とするのに対し，שׁסס／שׁסה は，【被害を受けた場所・人】を対象とする場合がほとんどである。[17] 例えば，בַּז の対象として現れる「家にあるすべてのもの」（כָּל־אֲשֶׁר בַּבַּיִת，創世 34:29）は略奪物であ

るが，שׁסס／שׁסה の対象としての「家々」（בָּתִּים，イザヤ 13:16，ゼカリヤ 14:2）は略奪物ではなく，略奪物が元あった場所である。また，連語הָיָה＋לְ＋בַז の場合には，意味上の対象が人格（「妻と子ども」等）であっても，奪われたものとして扱われるケースが散見される。

　イザヤ 42 章の用例はどうであろうか。

²²וְהוּא עַם־בָּזוּז וְשָׁסוּי הָפֵחַ בַּחוּרִים כֻּלָּם וּבְבָתֵּי כְלָאִים
הׇחְבָּאוּ הָיוּ לָבַז וְאֵין מַצִּיל מְשִׁסָּה וְאֵין־אֹמֵר הָשַׁב׃
²³מִי בָכֶם יַאֲזִין זֹאת יַקְשִׁב וְיִשְׁמַע לְאָחוֹר׃
²⁴ᵃמִי־נָתַן לִמְשׁוֹסֵה [לִמְשִׁסָּה] יַעֲקֹב וְיִשְׂרָאֵל לְבֹזְזִים הֲלוֹא יְהֹוָה

²² しかし，これは，かすめ奪われ略奪された民，
　　彼らはみな穴の中に陥れられ，
　　獄屋に閉じ込められた。
　　かすめ奪われても，助け出す者はなく，
　　略奪されても，返せと言う者もいない。
²³ あなたがたのうち，だれがこれに耳を傾け，
　　後々のために注意して聞くだろうか。
²⁴ᵃ だれがヤコブを，奪い取る者に渡したのか。
　　イスラエルを，かすめ奪う者に。
　　それは**主**ではないか。

　22 節の「民」，24 節 a の「ヤコブ」「イスラエル」は，何かを奪われたという意味において，略奪の被害を受けた人と想定されているのであろうか。それとも，民自身が略奪物とされたということであろうか。バビロン捕囚という背景（cf. 39 章）および「穴の中に陥れられ，獄屋に閉じ込められた」という表現から，後者の可能性が高いのではないだろうか。ただし，בַז とשׁסה がワードペアで現れることから，互いの意味が重なっている可能性がある。いずれにしても，上に挙げた他の多くの用例からは，בַז よりも

שׁסה の方が，被害を受けた場所や人を対象にとりやすいと言えるであろう。

　次に，行為の性質そのものを検討したい。שׁסס／שׁסה も בזז も，「軍事的略奪」という性質上，通常は暴力性や残虐性を伴うが，בזז においてのみ，明らかに殺傷を伴わない用例を認めることができる。

> 彼らはアラム人を追って，ヨルダン川まで行った。ところが，なんと，道はいたるところ，アラム人が慌てて逃げるときに捨てていった衣服や武具でいっぱいであった。使者たちは帰って来て，このことを王に報告した。
> そこで，民は出て行ってアラムの陣営をかすめ奪った（בזז）ので，主のことばのとおり，上等の小麦粉一セアが一シェケルで，大麦二セアが一シェケルで売られた。
> （Ⅱ列王 7:15-16）

　民がアラムの陣営を בזז したとき，アラム人はすでに逃げており，不在であった（7:6-7）。従って，これは戦闘や殺傷を伴う略奪行為ではない。むしろ，妨げる敵兵がいない中で物品を奪うことができた事例である。なお，「陣営」そのものを奪ったわけではないので，「陣営をかすめ奪った」（新改訳 2017）よりも「陣営からかすめ奪った」もしくは「陣営を略奪した」がよいであろう。

　歴代誌第 2 にも，以下のようなケースがある。

> ユダの人々が，荒野に面した見張り場に上って，その大軍の方を見渡すと，なんと，死体が野に転がっていた。逃れた者は一人もいなかった。ヨシャファテとその民が分捕り物を奪いに（בזז）行くと，そこで数多くの武具，衣服，高価な器具を見つけたので，運びきれないほどはぎ取った。分捕り物があまりにも多かったので，奪うのに（בזז）三日もかかった。
> （Ⅱ歴代 20:24-25）

　この場合の בזז も，敵兵はすでに死んでいたのであるから，暴力的・戦闘

的な略奪行為とは言えないであろう。בזז はさらに，戦闘がすでに終わった後，戦利品を分配する文脈においても現れる（民数31:53）。このようなケースは，שסס／שסה の用例には見られない。

　以上のことから，שסס／שסה と בזז はいずれも，軍事的な略奪行為を意味するが，前者の対象はおもに被害を受けた場所や人であるのに対し，後者は，それに加えて，略奪物も対象とする。また，בזז においてのみ，殺傷を伴わない事例が見受けられる。

■ בזז と שלל

　次に，בזז と שלל を比較したい。語根 שלל は旧約聖書に96回現れるが，そのうち75回が שָׁלָל という名詞形で現れる。また，שלל と בזז は，23の節においてともに現れるが，שלל と שסס／שסה が同一の節に現れることは一度もない。これは，すでに述べたように，שסס／שסה の方が，略奪物よりも被害を受けた場所・人を対象にとりやすいためであると考えられる。

　שלל と בזז がともに現れる23の用例は，以下のように分類することができる。

1. 「שָׁלָל を בזז する」（名詞 שָׁלָל が בזז の直接目的語となっている）
   申命2:35，3:7，20:14，ヨシュア8:2，27，11:14，Ⅱ歴代20:25（2回），28:8，エステル3:13，8:11

2. 「שָׁלָל を שלל し，בַּז を בזז する」という表現
   イザヤ10:6，エゼキエル29:19，38:12，13

3. その他の並行・並列関係
   イザヤ10:2，33:23，エレミヤ49:32，エゼキエル7:21，26:12，39:10，ダニエル11:24

　以上の箇所で，動詞 בזז は בַּז も שָׁלָל も直接目的語にとり得るが，動詞

שָׁלַל が בּזז の名詞形（בַּז, בִּזָּה）を直接目的語にとることは一度もない。このことから，どちらの語根にも「略奪物」を意味する名詞形があるものの，בּזז は略奪行為そのものに焦点を当てるが，שָׁלַל は，その結果として得られるものに意識を向けさせる語であると言い得るのではないだろうか。[18]

まとめとして，שׁסס／שָׁסָה，בּזז，שָׁלַל はいずれも軍事的略奪を表すが，意味が異なる点について，以下のように整理したい。

שׁסס／שָׁסָה	被害を受けた場所・人をおもな対象とする
בּזז	被害を受けた場所・人と略奪物の両方を対象とし，殺傷を伴わない用例も認められる
שָׁלַל	略奪行為の結果として「得られるもの」に焦点がある

おわりに

本小研究では，聖書ヘブル語における「奪う」を意味する語のうち，特に出現回数の多い語の意味を検討した。以上の議論は決して十分とは言えないかもしれないが，少なくとも，大まかな違いを指摘することはできたのではないかと思う。今後，それぞれの語における類義語・反意語との比較や，個別の文脈における訳語の検討を含む，より詳細な研究が行われることが望ましい。

---

18 名詞に限った議論ではあるが，Ringgren も，"*baz* denotes the act of plundering, while *shalal* means the spoil that is taken" と述べている。Helmer Ringgren, 'בּזז,' *TDOT* 2:66.

類義語の区別化について
—— עֲלָמוֹת を例に

公文　光

1. はじめに

　翻訳へのアプローチは数多く存在するが，どのようなアプローチを採用するかにより，翻訳者がこだわらなければいけないポイントが大きく変わってくる。今回刊行された協会共同訳と新改訳2017の翻訳理念を比較してみると，前者はスコポス理論を通して礼拝にふさわしい聖書を目指し，後者はトランスパレントな翻訳を目指している。[1] 両者とも原語から訳しているものの，協会共同訳はより現代の礼拝への適応を強調する一方で，新改訳は原語の意味を伝えることに重点を置いていると言える。よって，類義語の問題などの難しい問題についても，区別して訳すことにより，トランスパレントにすることを目指しているのはどちらかと言えば，新改訳の特徴だと言えるであろう。

　ここで問題となるのが，同等の意味の言葉がそれぞれの言語に必ずしも存在しないことである。[2] よって，翻訳は単に translation equivalent（同意の訳語）を探す作業ではなく，untranslatable（訳せない語）をどのように訳すべきなのかも考えなければならない。

---

[1] 新日本聖書刊行会編『聖書翻訳を語る』（いのちのことば社，2019年），5-7頁，日本聖書協会『聖書 聖書協会共同訳 —— 礼拝にふさわしい聖書を —— 特徴と実例』（日本聖書協会，2018年），1頁参照。

[2] Anna Wierzbicka, *Imprisoned in English: The Hazards of English as a Default Language* (Oxford: Oxford University Press, 2011), 3-11.

　本論文では，日本語では訳しきれていないヘブル語の類義語群の翻訳について考える。特に，意味領域の中で，ヘブル語には語が多く存在するが，日本語には対応する語が極端に少ない〈隠れる〉の意味領域にある עלם（N）を扱う。

2. 新改訳 2017 における「隠す・隠れる」

　新改訳 2017 本文において「隠す・隠れる」，または「身を隠す」のような「隠す・隠れる」を含む動詞句で訳されているヘブル語動詞は以下のものである。

חבא （N, Dp, C, Dt）		נוס （C）
חבה （G）		נצר （Gp）
חסה （G）		סתר （N, C, Dt）
טמן （G, N, C）		עלם （N, C, Dt）
כחד （N, C, D）		עמם （G）
כנף （N）		צפן （G, N, C）
כסה （D）		שׁית （G）
מנע （G）		

　（G= カル，Gp = カルパッシブ，N = ニファル，D = ピエル，Dp = プアル，Dt = ヒトパエル，C = ヒフイル）

　これら 15 の語根のビンヤンをそれぞれ別の動詞として扱う場合，28 もの動詞が「隠す・隠れる」で訳されていることになる。

　ここで，上に挙げた動詞のすべての登場箇所に「隠す・隠れる」が充てられているわけではないことを確認しておく必要がある。例えば，כחד（C）は旧約聖書で 6 回登場しているが，新改訳 2017 では計 5 つの訳語が充てられている。

【ヨブ 20:12】

たとえ悪が口に甘く，

彼がそれを舌の裏に隠して（כחד（C））いても，

【出エジプト 23:23】

わたしの使いがあなたの前を行き，あなたをアモリ人，ヒッタイト人，

ペリジ人，カナン人，ヒビ人，エブス人のところに導き，わたしが彼ら

を消し去る（כחד（C））とき，

【 I 列王 13:34】

このことは，ヤロブアムの家の罪となり，ついには大地の面から根絶や

しにされる（לְהַכְחִיד וּלְהַשְׁמִיד）こととなった。

【ゼカリヤ 11:8】

私は一月のうちに三人の牧者を退けた（כחד（C））。私の心は彼らに

我慢できなくなり，彼らの心も私を嫌った。

【 II 歴代 32:21】

主は御使いを遣わして，アッシリアの王の陣営にいたすべての勇士，指

揮官，隊長を全滅させた（כחד（C））。アッシリアの王は恥じて国へ

帰り，自分の神の宮に入った。そのとき，自分の身から生まれ出た者た

ちが，そこで彼を剣にかけて倒した。

　このように訳を確認してみると，כחד（C）の翻訳の結果，原語と訳語

の間には複雑な対応関係が形成されていることが確認できる。これに似た複

雑な対応関係が上に挙げた「隠す・隠れる」で訳される語のそれぞれにある

と考えると，さらに複雑な対応関係が訳す中で形成されていったことが分か

る。

　〈隠す・隠れる〉の意味領域にあるヘブル語が多数存在することで特に問

題となり得るのは，同じ文脈で複数の語が原語で登場する場合である。新改

訳はほとんどの場合訳し分けているが，まれに訳し分けができていない場合も残っている。

【アモス 9:3】

たとえ，カルメルの頂に身を<u>隠した</u>（חבא (N)）としても，
わたしが彼らをそこから捜し出して捕まえる。
たとえ，わたしの目を避けて
海の底に身を<u>隠した</u>（סתר (N)）としても，
わたしが蛇に命じて彼らをそこでかませる。

これは言語的な限界からやむを得ないから生じている面があることをまず述べておきたい。しかし，同時に，それぞれ訳し分けることが望ましいという意味では，研究の余地がまだあるということも言えるであろう。

しかし，〈隠す・隠れる〉の意味領域について訳しきれていないのは新改訳に限る問題ではないことも言っておきたい。*TDOT* においては，それぞれの語の項目ではある程度の違いが見出されているが，違いは少し曖昧である。一方，Balentine の著書 *The Hidden God* ではほとんどの場合これらのヘブル語は互換性があった（interchangeable）と言っている。[3] それなので，翻訳以前に，ヘブル語についての研究の余地も残っている。

筆者が調べた限りでは，ヘブル語の〈隠す・隠れる〉の意味領域の語の意味はそれぞれ十分に区別化することが可能である。本論文ではその１つ，עלם (N) を取り上げて，どのような意味があり，どのようにその意味を訳に反映できるのかについて考えていきたい。

---

3 Samuel E. Balentine, *The Hidden God: The Hiding of the Face of God in the Old Testament* (Oxford: Oxford University Press, 1983), 1-14. Balentine は別の著書でも同様のことを言っている。Balentine, Samuel E. "A Description of the Semantic Field of Hebrew Words for 'Hide.'" *VT* 30, no.2 (1980): 141.

3. עָלַם (N)

まず, *HALOT*, BDB, と *TDOT* がそれぞれ עָלַם (N) について何を言っているのかを確認しておきたい。*HALOT* では עָלַם (N) の意味を太字で 'be concealed' と表しながらも, ナホム 3:11 においては 'either to become unconscious or to become deranged' と記している。BDB においては 'be concealed' を主な意味にしつつ, ナホム書においては 'mayest thou become obscured' という訳を提案し, 詩篇 26:4 においては 'those who conceal themselves, i.e. their thoughts, dissemblers' と解説している。*TDOT* の Locher の解説ではほとんどの箇所を 'hide,' 'conceal' で説明している。しかし, ナホム 3:11 と詩篇 26:4 においてはそれぞれ 'a lowered level of consciousness,' 'those who conceal themselves' であると解釈しているので, 1 つの意味では説明できないという立場においては *HALOT* と BDB と同じである。[4] それなので, 英語においては当てはまる訳語がないという意味では, untranslatable な語であるという可能性があるのではないだろうか。

では, 日本語についてはどうであろうか。עָלַם (N) は新改訳 2017 においては, 以下のように訳されている。

1. 隠れる (レビ 4:13, 5:2, 3, 4, 民数 5:13, 伝道 12:14)
2. 分からない (Ⅰ列王 10:3, Ⅱ歴代 9:2)
3. 意識を失う (ナホム 3:11〔תְּהִי נַעֲלָמָה〕)
4. 偽善者 (詩篇 26:4)
5. 隠される (ヨブ 28:21)

「隠れる」と訳されているのが計 6 回で, 最も多い訳である。次いで,「分

---

[4] Locher, 'עָלַם' *TDOT* 11:150-151.

からない」と訳されているのは計2回であるがこれらは並行箇所であること
に注意する必要がある。そして、「意識を失う」、「偽善者」、「隠される」と
いう訳については1回ずつ訳されている。〈偽善者〉や〈分からない〉は特
に〈隠れる〉とは意味的にかけ離れていることからも、עלם（N）の意味
は〈隠れる〉とは少し違うことが推測できる。

　עלם（N）の意味を考えていくにあたって、まず、עלם（N）により隠
される対象をまとめると、以下のような結果になる。

　1. 咎（レビ4:13, 5:2, 3, 4）

　2. 妻の不倫（民数5:13）

　3. 質問の答えなどの知恵（Ⅰ列王10:3, ヨブ28:21, Ⅱ歴代9:2）

　4. 人（詩篇26:4, ナホム3:11）

　5. わざ（伝道12:14）

　これら、隠される対象を見ると、4.以外は非物理的なことだということは
一見して分かる。よって、עלם（N）は物理的に〈隠れる〉という意味で
はないようである。では4.についてはどのように説明するべきであろうか。

■ 3.1. 人がעלם（N）の対象である場合

【ナホム3:11】

גַּם־אַתְּ תִּשְׁכְּרִי תְּהִי נַעֲלָמָה גַּם־אַתְּ תְּבַקְשִׁי מָעוֹז מֵאוֹיֵב׃

おまえもまた、酔いしれて意識を失う。

おまえもまた、敵から逃げて砦を探し求める。[5]

　この箇所において、女性に擬人化されたニネベが滅ぼされると預言されて
いる。עלם（N）の意味については、まず、物理的に〈隠れる〉と捉える

---

5 本論文では特に断りがない限り、新改訳2017を引用する。

ものがある。例えば，ESV や NRSV 等の翻訳では単純に〈隠れる〉と訳している。しかし，この文脈では酔っている状態が言われているので「隠れる」と訳す場合は，酔うこととは関連性のない別の行動を女がとっていることになってしまう。同時に，他の箇所では非物理的なことを言っているのにここでは物理的に〈隠れる〉と訳すと，他の עלם (N) についての箇所と整合性がとれなくなってしまうという問題が出て来る。同様のことが 'vanish' など〈隠される〉と訳す立場についても言える。[6] 少し違う立場が LXX の υπεροραω（見つめない）とペシタ（シリア語訳）の動詞 šwṭ（軽蔑する）などの古代訳に反映されている。これらは女性が物理的に隠れるというよりも，他人が女性を見つめないことで〈人の視界から隠れる〉というような解釈であろう。

　もう一方で，עלם (N) を非物理的な意味として捉える場合は，女性が身を隠すということではなく，精神的な領域に起きることだということになる。このような訳には二種類ある。まず，עלם (N) を，酔った結果を表す動詞だと解釈する訳がある。新改訳 2017 の「意識を失う」は恐らく עלם (N) を酔った結果として解釈している。[7] 酔って気を失うことはノアのように恥を掻く結果となると解釈することも可能であろう（創世 9:21-24）。ナホム書の文脈においては，3:5 において「わたしはおまえの裾を顔の上にまでまくり上げ，諸国の民におまえの裸を見せる。諸国の王におまえの恥を」[8] と言っていることとも合うように見える。しかし，この解釈では עלם (N) の他の登場箇所との整合性をとるのが難しくなるという問題が起きる。また，ナホム 3:11 の後半の文脈では，「おまえもまた，敵から逃げて砦を探し

---

6 例えば，Keil はこの立場である。C. F. Keil, *The Twelve Minor Prophets*, trans. James Martin (Edinburgh: T&T Clark, 1871), 2:36.

7 BDB と Christensen も同様の考え方である。Duane L. Christensen, *Nahum: A New Translation with Introduction and Commentary* (AYB 24F; New Haven: Yale University, 2009), 350.

8 他にもイザ 51:17-23。

求める」と預言されていることを考慮すると，この文脈を直接恥と関連付けることは難しいように見える。

עָלַם（N）を〈意識を失う〉という意味ではなく，〈酔って認知力が低下している状態〉を指すとする解釈も存在する。Locher が提案する 'a lowered level of consciousness'[9] がこのような解釈にあたる。このように解釈すると，ナホム 3:11 においては，女の意識が朧になっている状態を言っていることになる。それは 10 節において描写されている，子供や男たちが殺されてしまったエジプトの状態と比較されていることになる。11 節の文脈においては，砦に逃げていることと関連付けることは比較的に容易に見える。このように文脈を考えてみると，意識はあるが，悲しみと恐怖でおかしくなってしまっている状態を עָלַם（N）は言っているという解釈のほうが，説得力があるのではないだろうか。敢えて訳すのなら「おまえもまた，酔いしれて朦朧（もうろう）とする」と訳すのはどうであろうか。

【詩篇 26:4】

לֹא־יָשַׁבְתִּי עִם־מְתֵי־שָׁוְא וְעִם נַעֲלָמִים לֹא אָבוֹא׃

私は不信実な人とともに座らず
偽善者とともに行きません。

この箇所は詩篇記者の信条を表している。新改訳 2017 は עָלַם（N）を「偽善者」と訳していて，ESV や NRSV も同等の意味の訳をしている。協会共同訳は「欺く者」と訳している。これらの訳が示唆するように，確かに，並行法としては מְתֵי־שָׁוְא と対応しているので，עָלַם（N）は何らかの悪者の性質を表しているというとは言えるであろう。[10] しかし，עָלַם（N）の意味が「偽善者」や「欺く者」であるという根拠は文脈上にはとくに見ら

---

9 Locher, 'עָלַם' *TDOT* 11:151.

10 C.f. Nancy deClaissé-Walford, Rolf A. Jacobson, Beth LaNeel Tanner, *The Book of Psalms* (Grand Rapids: William B. Eerdmans, 2014), 261 n.10.

れない。

　それでは，עלם（N）の意味をナホム3:11のように〈認知能力が低下している状態〉だと考える根拠はあるであろうか。ここで注目するべきはמְתֵי־שָׁוְא と נֶעֱלָמִים が並行関係になっていることである。שָׁוְא は〈むなしさ〉，〈偽り〉というような意味を持っているので，מְתֵי־שָׁוְא は〈むなしさ〉，〈偽り〉を帯びた行動をする人を指すということになる。これは〈認知能力が低下している状態〉の人がする行動であるという意味では繋がりを見出すことが可能である。つまり，本人も気づかずにおかしな行動をしていると言っていることになる。また，他の登場箇所では，עלם（N）により隠される対象が「咎」や「知恵」であることを覚えると，נֶעֱלָמִים は咎や愚かさにより，自分の状態が見えていない人のことを言っていると言えるかもしれない。従って，ここではמְתֵי־שָׁוְא〈むなしいものを追い求める人〉をנֶעֱלָמִים〈認知力が低くて現実がよく見えていない人〉と言い換えていると解釈することは十分可能なのではないだろうか。あえて訳すならば，「朦朧とした考えを持つ者」のように，諸々の現実が見えていないことを表すべきではないだろうか。

　この2箇所を総合するとעלם（N）は〈認知力が低下している状態〉だと考えることが最も優れた解釈のように見える。さらに踏み込む場合，〈思考が停止していて，朧にしか見えていない状態〉とも言えるのではないだろうか。このような意味の日本語はないという意味ではעלם（N）は un-translatable ではあるが，あえて日本語を当てるとすると「朧になる」という訳が適当ではないだろうか。

■ 3.2. 咎と不倫がעלם（N）の対象の場合

　עלם（N）は咎の問題で計4回，不倫の問題で計1回登場している。新改訳2017では，これらの箇所は「隠れる」と訳しているが，3.1.で議論したナホム書と詩篇におけるעלם（N）が〈隠れる〉とは意味が違うのであ

れば，咎と不倫について〈隠れている〉と言っているのかどうかを考え直す必要が出てくる。まず，咎について考えていく。咎について עלם（N）が登場するのは以下の箇所である。

【レビ 4:13-14】

13 וְאִם כָּל־עֲדַת יִשְׂרָאֵל יִשְׁגּוּ וְנֶעְלַם דָּבָר מֵעֵינֵי הַקָּהָל וְעָשׂוּ אַחַת מִכָּל־מִצְוֹת יְהוָה אֲשֶׁר לֹא־תֵעָשֶׂינָה וְאָשֵׁמוּ ׃

14 וְנוֹדְעָה הַחַטָּאת אֲשֶׁר חָטְאוּ עָלֶיהָ וְהִקְרִיבוּ הַקָּהָל פַּר בֶּן־בָּקָר לְחַטָּאת וְהֵבִיאוּ אֹתוֹ לִפְנֵי אֹהֶל מוֹעֵד ׃

13 イスラエルの会衆すべてが迷い出て，すなわち，あることがその集会の目から隠れていて，主がしてはならないと命じたすべてのことのうち一つでも行い，後になって責めを覚える場合には，

14 自らの罪が明らかになったときに，その集会の人々は罪のきよめのささげ物として若い雄牛を献げ，それを会見の天幕の前に連れて行く。

【レビ 5:1-4】

1 וְנֶפֶשׁ כִּי־תֶחֱטָא וְשָׁמְעָה קוֹל אָלָה וְהוּא עֵד אוֹ רָאָה אוֹ יָדָע אִם־לוֹא יַגִּיד וְנָשָׂא עֲוֺנוֹ ׃

2 אוֹ נֶפֶשׁ אֲשֶׁר תִּגַּע בְּכָל־דָּבָר טָמֵא אוֹ בְנִבְלַת חַיָּה טְמֵאָה אוֹ בְּנִבְלַת בְּהֵמָה טְמֵאָה אֹו בְּנִבְלַת שֶׁרֶץ טָמֵא וְנֶעְלַם מִמֶּנּוּ וְהוּא טָמֵא וְאָשֵׁם ׃

3 אוֹ כִי יִגַּע בְּטֻמְאַת אָדָם לְכֹל טֻמְאָתוֹ אֲשֶׁר יִטְמָא בָּהּ וְנֶעְלַם מִמֶּנּוּ וְהוּא יָדַע וְאָשֵׁם ׃

4 אוֹ נֶפֶשׁ כִּי תִשָּׁבַע לְבַטֵּא בִשְׂפָתַיִם לְהָרַע אוֹ לְהֵיטִיב לְכֹל אֲשֶׁר יְבַטֵּא הָאָדָם בִּשְׁבֻעָה וְנֶעְלַם מִמֶּנּוּ וְהוּא־יָדַע וְאָשֵׁם לְאַחַת מֵאֵלֶּה ׃

1 人が罪に陥ったとき，すなわち，その人自身が見ていたり知っていたりする証人であるのに，証言しなければのろわれるという声を聞きながらも，それをしない場合，その人は咎を負わなければならない。

2 あるいは，汚れた生き物の死骸であれ，汚れた家畜の死骸であれ，汚れた群がるものの死骸であれ，何か汚れたものに触れて汚れていたのに，そのことが彼には隠れていて，後になって責めを覚える場合，

3 または，いかなるものであれ，触れれば汚れると言われる人間の汚れに触れ，そのことを知ってはいたものの彼には隠れていて，後になって責めを覚える場合，

4 また，害になることであれ益になることであれ，誓ったことが何であれ，人が軽々しく口で誓った場合，そのことを知ってはいたものの彼には隠れていて，後になってその一つについて責めを覚える場合——

　これらの箇所に関しては，〈隠れる〉という意味で訳す立場と，〈気付かない〉と訳す立場がある。前者の立場は新改訳 2017 や，ESV 等が取っている。後者の立場は Milgrom[11] や，NRSV 等が取っている。しかし，これらの訳は文脈にあっているのであろうか。少なくとも，〈咎〉についてそれが「隠れている」とは日本語では通常，言わないという問題がある。もう一方で〈気付かない〉と訳すことにも問題がある。というのは，4 章においては וְנֶעְלַם דָּבָר מֵעֵינֵי הַקָּהָל という表現が登場するが，「目から」という表現と「気付かない」は意味的には合わない。〈気付く〉ことは頭で考えた結果起きることで，目で見えるかどうかというのは二次的にしか関わらないからである。協会共同訳は 4 章においては，5 章のように「気付かない」とは訳さず，「目に隠されていて」と訳している理由は，恐らく，このような矛盾が生じるからであろう。

　それでは〈朧になる〉という意味は当てはまるであろうか。まず，4:13 のほうの〈目〉と〈朧になる〉は日本語的に親和性がある。〈朧になる〉のは直接体験することについて使う言葉で，目で見ることもここには含まれる

---

11 Milgrom の訳では 4 章においては "the matter escapes the notice"，5 章においては "the fact escapes him" と訳している。Jacob Milgrom, *Leviticus 1-16: A New Translation with Introduction and Commentary* (AB3; New York: Doubleday, 1991), 226, 292-293.

からである。あえて訳すのであれば「あることが集会の目に朧になってい
て」となる。このように訳すと，単に何かが隠れていることが問題ではな
く，集会の認識に問題があることになる。

　では，集会の認識がずれていると捉えることはレビ記の文脈に合うのであ
ろうか。ここで解釈の鍵となるのが，集会の状況についてである。Milgrom
によれば，עלם（N）はしていることが間違っていると〈気付いていない〉
（"escapes the notice"）ことを指す。そして，責めを感じる（וְאָשֵׁמוּ）の
は，間違っていたと気付いた（וְנוֹדְעָה）後である。例えば，大祭司が新月
の日を間違えていて，それに誰も気付かない場合などが想定されていると
Milgrom は主張している。[12] Wenham は，レビ 4:13-14 は礼拝において集会
が主の律法から迷い出ていて，していることが間違っていることが集会のな
かで〈指摘されていない〉（עלם（N），"it is not bought to light"）が集会
は漠然と責めを覚えている（וְאָשֵׁמוּ）状況を指していると主張している。
ただし，Milgrom とは違い，責めを感じるのは咎を知る（וְנוֹדְעָה）前であ
る。[13] 木内氏によれば，この箇所における民の状態は，あることをしたこと
で無意識に主の律法から迷い出た状態で，その後，集会はその状態に気付い
て責めを覚えている（וְאָשֵׁמוּ）と主張する。木内氏の議論では，〈気付くこ
と〉は וְאָשֵׁמוּ に掛かっているわけだが，だからと言って עלם（N）は〈気
付いていない〉という意味ではない。עלם（N）は〈無意識にそのことが
集会の目から隠れている状態〉を指していて，集会が律法を犯して迷い出て
いるのはその結果だと主張している。[14] それでは，続く 14 節における
וְנוֹדְעָה についてはどうか。木内氏によれば，これは〈知る〉という意味で
はなく，咎が現実のものとして意識されることだと主張する。[15] これらの解

12 Ibid., 242-244.

13 Gordon Wenham, *The Book of Leviticus* (NICOT; Grand Rapids: William B. Eerdmans,
　　1979), 98-99.

14 Nobuyoshi Kiuchi, *Leviticus* (AOTC; Nottingham: Apollos, 2007), 95-96.

15 Ibid., 96.

釈をまとめてみると以下のようになる。

	עֶלְם (N)	וְאָשֵׁמוּ	וְנוֹדְעָה
Milgrom	気づいていない	（気付いた結果として）責めを感じる	気付く
Wenham	指摘されていない	漠然と責めを感じる	知られる
Kiuchi	無意識的に隠れる	咎に気付いて責めを感じる	現実として意識する

　このように比べてみると，文脈において語られている内容の流れについて，咎について知らない状態から知る状態になるという大枠においては同じことが言われていることが分かる。しかし，その結果に至る経緯については意見の差がある。また，同じ意味が文脈の中にあると主張していても，どの動詞にその意味を配分するかにおいても違いがある。

　ここで，עֶלְם（N）の意味に注目する場合，13 節の〈目から〉という表現を考えると Milgrom の〈気付いていない〉や Wenham の〈指摘されていない〉は文脈には合わないと言うべきであろう。一方，木内氏の解釈は〈目から〉と適合する。さらに，木内氏の解釈は〈朧になっている〉状態とある程度の共通点があると言えるのではないだろうか。もう一度状況を整理してみると，4:13-14 は律法に違反することを無意識にしている状態について語っている。つまり，違反しているものの，それが意識にさえ上らない状態だということになる。ただ，後に責めを覚えるようになるということは，したことは記憶に残っているのであろう。このような経緯の背景には，主の命じたことを正確に知る必要がないと思っている会衆の状態があるのであろう。それと同時に，13 節の後半では，「主がしてはならないと命じたすべてのことのうち一つでも行い」と言っているので，会衆は主の命令は聞いている前提となっている。つまり，命令は会衆が聞いたことがある命令であるにもかかわらず，それを忘れている状態がここで言われていることになる。それなので，この状況において עֶלְם（N）は，〈律法を意識していないから，していることの真意が見えていない〉と同時に〈していることは知ってい

る〉状態だと言えるのではないだろうか。これを日本語に訳す場合は「ある
ことが，集会の目には朧になっていて」と訳せるのではないだろうか。

　レビ 5:1-4 において登場する עלם (N) は少し違う状況を指している。
ここで注目するべきは，5 章では，知ってはいたものの（וְהוּא יָדַע）それ
を行った場合を扱っているので，4 章とは違う状態を扱っていることであ
る。Milgrom はこれを，律法に違反したときは違反したことを認識してい
たが，その後違反したことを〈忘れた〉場合を言っていると主張している。[16]
しかし，עלם (N) の意味は他の登場箇所では明らかに〈忘れる〉という
意味ではないという問題があるのではないだろうか。木内氏が主張するよう
に，レビ 4-5 章において ידע は，〈意識する〉（"to be conscious of some-
thing"）という意味だと考えると，[17] 5:1-4 は自分がしている行為の意味につ
いて認識しながらも，同時にそれが עלם (N) の状態になっていて，後に
なって気付いて責めを負うと言っていることになる。確かに，4 節を例に見
ていくと，「誓い」はまさしく認識していなければできない行為である。そ
のような意味で，4:13 のケースとは違う状況がここでは描かれている。で
は，עלם (N) の意味は何であろうか。5 章において罪に陥った人は，最終
的にはしたことがどのようなことかを気付いて責めを負っているが，それま
では気付いていなかったことを考えると，עלם (N) は気付くことを防い
でしまうような状態だということになる。ここで注目するべきことは，後に
なって〈気付く〉というときに，それはどのような気付きなのかということ
である。というのは，していることは最初から認識しているので，〈した行
為に気付いた〉わけではない。そうではなく，した行為については認識して
いたものの，無意識的に心には，神に対する侮りがあったのであろう。つま
り，神の前で誓ってはいるものの，真剣ではないのであろう。[18] このことは

---

16 Milgrom, *Leviticus 1-16*, 298.

17 Kiuchi, *Leviticus*, 100-101.

18 "The person does not take what he swore by invoking the name of the Lord seriously."
　 Ibid., 101 参照。

4節前半の「軽々しい」（לְבֵטַא）により示唆されている。

　このように文脈を解釈すると，עלם（N）の意味は〈気付かない〉ということではなく，〈していることは意識している〉が，〈していることの意味が見えていない〉状況だと言える。従って，これも「（そのことが）彼には朧になっていて」と訳せるのではないだろうか。4:13と比べてみると，4:13のほうが，意識がそこにないようなので，より重度に霞んで見えているが，5:2-4においても部分的には行為を認識していながらも完全には見えていないので，「朧になっている」と言えるであろう。ただ，両方の場合にעלם（N）という語が充てられているので，עלם（N）はその大小については問わず，〈認識力が低下している〉状態を表す言葉なのではないだろうか。

【民数5:12-14】

¹²דַּבֵּר אֶל־בְּנֵי יִשְׂרָאֵל וְאָמַרְתָּ אֲלֵהֶם אִישׁ אִישׁ כִּי־תִשְׂטֶה אִשְׁתּוֹ וּמָעֲלָה בוֹ מָעַל׃

¹³וְשָׁכַב אִישׁ אֹתָהּ שִׁכְבַת־זֶרַע וְנֶעְלַם מֵעֵינֵי אִישָׁהּ וְנִסְתְּרָה וְהִיא נִטְמָאָה וְעֵד אֵין בָּהּ וְהִוא לֹא נִתְפָּשָׂה׃

¹⁴וְעָבַר עָלָיו רוּחַ־קִנְאָה וְקִנֵּא אֶת־אִשְׁתּוֹ וְהִוא נִטְמָאָה אוֹ־עָבַר עָלָיו רוּחַ־קִנְאָה וְקִנֵּא אֶת־אִשְׁתּוֹ וְהִיא לֹא נִטְמָאָה׃

¹²「イスラエルの子らに告げよ。もし人の妻が道を外して夫の信頼を裏切り，

¹³ほかの男が彼女と寝て交わり，そのことが夫の目から隠れていて（עלם（N）），彼女が身を汚したことが見つからず（סתר（N）），証人もなく，彼女が捕らえられないままであるが，

¹⁴妻が身を汚していて，夫にねたみの心が起こり，妻に対して憤る場合，あるいは妻が身を汚していないのに，夫にねたみの心が起こり，妻に対して憤る場合，

　次に民数 5:13 における עלם（N）の意味について考えていく。この箇所は妻の不倫についての規定である。新改訳 2017 では 13 節の עלם（N）を「隠れる」という語で訳している。これは英語の ESV，NRSV と同じで，古代訳の LXX やペシタもそのように訳している。しかし，「隠れる」という訳には，文脈における他の語との区別化が必要であるという問題がある。13 節では 4 つの言い回しで妻の行為が隠れていたことを言っている。新改訳 2017 を引用して表すと以下のようになる。

　A）そのことが夫の目から隠れていて（עלם（N））

　B）彼女が身を汚したことが見つからず（סתר（N））

　C）証人もなく

　D）彼女が捕らえられないままである

　A と B の עלם（N）と סתר（N）の区別化は大きな課題である。新改訳 2017 では סתר（N）をほとんどの場合は「隠れる」か「隠す」で訳されているが，恐らく，ここでは עלם（N）と区別するために「見つからず」と訳しているのであろう。ここでは סתר（N）の意味に深入りすることは避けたいが，登場箇所を見ると，こちらはより物理的な意味で，〈隠れる〉という意味である。そのような意味では，日本語の「隠れる」に近い意味を持つのではないだろうか。この箇所でも，סתר（N）のほうが女の物理的な行為を焦点としていて，עלם（N）のほうは「夫の目から」という表現から分かるように，より夫の精神を意識した語であると言えるだろう。それなので，本来は，סתר（N）のほうに「隠れる」を充てるべきではないだろうか。עלם（N）については，より夫の精神的な面を表す語がふさわしいように見える。C と D については，妻の不倫を立証できないことを意識しているように見える。

　次に問題となるのが，この文脈のなかで，עלם（N）は夫のどのような精神的な状態を表すのかである。これは，単に夫の目から不倫が〈隠れてい

る〉ということのようには見えない。かえって，夫がその妻を祭司のところ
に連れて来るときの状態を表していると考えるべきではないだろうか。た
だ，この問題を理解するためには，この規定において誰が何を知っているの
かを整理しておく必要がある。עלם（N）が〈知る・知らない〉の問題だ
からである。まずこの規定の全体は主が告げたことであるということを考慮
する必要がある（11節）。女以外には，主だけが全てを知っている。主が正
しく判断してのろいをもたらす（21節）ことができるのは，全てを見てい
るからである。他にも，規定の内容にも，「道を外した」ことや，「信頼を裏
切った」こと（12節）など，人には簡単には見破ることができないことも
含まれている。この点において注目するべきことは，この箇所の話者は主で
あり，全てを知っている者の視点から部分的にしか知らない人間に向けて語
っているということである。従って，全てが見えていることが前提になって
いるのは，主が語っているからだと考えることが可能なのではないだろうか。

　もう一点注目するべきことは，主は隠れていることを人に明らかにするた
めに働いているように見えることである。規定自体が女の行為を明らかにす
るためのものであり，彼女がそれを頑なに告白しない場合，子が宿せなくな
り，最終的にはその行為は人にも明らかにされる。しかし，このことに発展
する以前にも，男に与えられるねたみの心（רוח קנאה）も，女のことを
明らかにするために，主から来ていると考えることも可能なのではないだろ
うか。רוח קנאהについて「渡って来る（עבר）」という表現が使われてお
り，外部から来たかのような言い回しだからである。事実，רוח קנאה が
動詞עבר（渡って来る）と登場する場合，全て外から来る霊のことを言っ
ている（Ⅰ列王22:24，ゼカリヤ13:2，Ⅱ歴代18:23）。加えて話者が主で
あることを考えると，主が送った霊だと考えることができないであろうか。
ここで問題となり得るのは，14節では女が汚れていない場合も挙げられて
いることであるが，これは人間側の知っている現実に合わせて言っていると
捉えることができないであろうか（29節も同様）。すなわち，男がその妻を

連れて来るとき，妻が本当に汚れているのかについてはまだ確証がない状態
で来ているので，このように言っているのではないか。または別の可能性と
して，身が汚れていないにしても，心の中では夫の下から道を外していると
いう意味で，夫にねたみの心が起こっている可能性も考えられるであろう。
いずれにせよ，ねたみの心は何もないのに与えられているとは考えるべきで
はないであろう。

　このように状況を整理すると，עלם（N）はねたみの心が起こされた夫
の状態を言っていると言えるのではないだろうか。妻は夫に汚れていること
を隠し切っているが，夫にはねたみの心が起こされ，漠然と妻の不倫を疑っ
ている。しかし，それは確証には至っていない状態で，夫には妻が不倫をし
ていることが，漠然としか分からないと言っているのではないだろうか。こ
こでは，עלם（N）が「目」と関わっていることを考慮すると，「漠然とし
か見えていない」と言ったほうがいいのであろうか。それなので，夫の目に
はそれが隠れているのではなく，「夫の目にはそれ（不倫）が朧になってい
る」と言い換えることができるかもしれない。その結果として，夫の視点で
は曖昧性が残るため，夫はその妻を祭司に連れて行かないといけない。ある
いは，より日本語的に聞き慣れた言い回しをするのであれば，「夫の目には
それ（不倫）が朧にしか見えず」も許容範囲内にあるかもしれない。このよ
うに，〈朧になっている〉とעלם（N）の意味を解釈すると，妻を祭司に連
れて来る際の夫の精神状態がより明らかになるのではないだろうか。

　ただ，課題として残るのは，עלם（N）の意味を訳しきれていない部分
があることである。今までのעלם（N）の例を考えると，どれも本人にと
っては〈考えていない現実〉があるのではないだろうか。特に，ナホム書に
おけるニネベの滅びや，レビ記の咎においてはそれが顕著である。民数5章
における妻の不倫についても，男は不倫について，はっきりとは考えられて
いない。よって，עלם（N）は，人が非難されたときにそれについて考え
たくなくする心理，また，不倫の問題においては妻を積極的には考えたいと

思わない人間の心理などとつながっているのではないだろうか。従って，こ
こで提案している「朧になる」はそのような〈思考の死角〉のような面は，
表現できているわけではないと言っておく必要がある。

■ 3.3. 知恵とわざが עלם（N）の対象である場合

עלם（N）は3回知恵を対象として登場し，業を対象とするのは1回で
ある。まず，知恵について見ていく。

【ヨブ 28:20-22】

²⁰וְהַחָכְמָה מֵאַיִן תָּבוֹא וְאֵי זֶה מְקוֹם בִּינָה׃
²¹וְנֶעֶלְמָה מֵעֵינֵי כָל־חָי וּמֵעוֹף הַשָּׁמַיִם נִסְתָּרָה׃
²²אֲבַדּוֹן וָמָוֶת אָמְרוּ בְּאָזְנֵינוּ שָׁמַעְנוּ שִׁמְעָהּ׃

²⁰では，知恵はどこから来るのか。

　悟りがある場所はどこか。

²¹それはすべての生き物の目に隠され（עלם（N）），

　空の鳥にも隠れている（סתר（N））。

²²滅びの淵も，死も言う。

　「そのうわさは，この耳で聞いたことがある。」

この箇所では知恵の在り処について語られている。新改訳 2017 は עלם
（N）を「隠す」で訳している。英語でも "hide" かそれと同等の意味で訳さ
れている場合が多い。唯一違う意味で訳されているのは λανθανω（気付か
ない）で訳している LXX である。

しかし，これらの理解は正しいのであろうか。少なくても，同節の後半に
登場する סתר（N）と עלם（N）の意味には何らかの違いがあったと考え
るべきであろう。עלם（N）が登場したこれまでの箇所と同じ意味と合わ
せて，〈朧になっている〉という意味を充ててみるとどのようになるであろ
うか。21 節前半を「それはすべての生き物の目には朧になっている」と訳

すことになるが，このように考えると，〈何かがあるとは分かっている〉と
同時に〈はっきりは見えない〉ということになるがこれはどうであろうか。

　ヨブの議論を追っていくと，〈朧になっている〉と解釈することによって
テクストの理解が深まるのではないだろうか。ヨブ28章では，人は様々な
工夫をして炭坑を造り，宝石を掘り出している（1-11節）。動物と比べる
と，人間には宝石を掘り出す能力があるため，宝石の在り処を見つけられな
い動物よりも人間のほうが優れている（7-8節）。しかし，知恵については，
人はその価値を理解していないという問題を抱えている（12節）。この文脈
で21節を読むと，宝石の採掘においては人のほうが動物よりは優れている
ものの，知恵については人も動物も同じく〈朧になっている〉と読める。

　ただ，人はまったく知恵について知らないということではない。12,
20-22節の議論を見ると，知恵の存在は認められている。「滅びの淵」と
「死」もその存在は知っていて，そのうわさは聞いている。[19] よって，人には
まったくそれが知られていないわけではなく，知恵とその在り処がはっきり
と発見されていないということが問題となっているのではないだろうか。そ
して知恵が見つかっていないのは，生き物には朧になっているからである
（21節前半）。このように読むと，知恵について，人には「滅びの淵」と
「死」と同程度の理解が与えられていると言えるかもしれない。つまり，知
恵の存在は知っているが，在り処までは見えていないということになる。知
恵の在り処について〈知っている〉ということについては，この箇所の結論
を見ても分かる。結論では，神は人に「見よ。主を恐れること，これが知恵
であり，悪から遠ざかること，これが悟りである」（28節）と語っているの
で，人には知恵の正体は表されているのである。

　これらのことを総合すると，知恵は人の目には〈隠れている〉というより

---

[19] John E. Hartley, *The Book of Job* (NICOT; Grand Rapids: William B. Eerdmans, 1988),
381-382 参照。

も，人がその価値を知らないために〈朧になっている〉と言うべきではない
だろうか。よって，「それはすべての生き物の目には朧にしか見えない」と
訳すべきかもしれない。このように訳すことにより，単に知恵が隠れている
のではなく，人の認知能力に問題があるから見つからないという解釈の余地
があるのではないだろうか。

【I列王 10:3】

וַיַּגֶּד־לָהּ שְׁלֹמֹה אֶת־כָּל־דְּבָרֶיהָ לֹא־הָיָה דָבָר נֶעְלָם מִן־הַמֶּלֶךְ אֲשֶׁר
לֹא הִגִּיד לָהּ

　ソロモンは，彼女のすべての問いに答えた。王が分からなくて，彼女に
　答えられなかったことは何一つなかった。

　次に，ソロモンについての記事について記されているI列王 10:3とII歴
代 9:2を扱う。歴代誌のほうの記事も内容的には列王記と同じなので，上に
は列王記だけを引用している。この箇所はソロモンの知恵について語ってい
る。新改訳は עָלַם（N）を「分からなくて」と訳している。確かに，「分か
らなくて」と訳しても，日本語的にも違和感がない。しかし，これまで見て
きた עָלַם（N）の意味〈朧になる〉を考えると「王には盲点がなく」とい
う訳のほうが適しているかもしれない。עָלַם（N）は〈分かる・分からな
い〉の問題というよりも，〈見える・見えない〉を取り扱う動詞だからであ
る。〈分かること〉は見て，考えた結果であるが，〈見る〉は〈分かる〉の前
段階である。従って，I列王 10:3のテキストはソロモンの知恵をその世の
中を見る鋭さとして捉えていると考えるべきではないだろうか。「分からな
いことはない人」というのは博識であったと言っているようであるが，そう
ではなく，ソロモンの知恵の本質はこの世に惑わされず，世の中を真っ直ぐ
に見ることができたことにあったのではないだろうか。

【伝道 12:14】

כִּי אֶת־כָּל־מַעֲשֶׂה הָאֱלֹהִים יָבֵא בְמִשְׁפָּט עַל כָּל־נֶעְלָם אִם־טוֹב
וְאִם־רָע:

神は，善であれ悪であれ，あらゆる隠れたことについて，すべてのわざ
をさばかれるからである。

　この箇所においては，עָלַם（N）の対象は「わざ」である。新改訳 2017
は עָלַם（N）を「隠れた」と訳している。ここで問題となるのは，誰から
隠れているのかという点である。わざを行った本人なのか，他人から隠れて
いるのか，2つの解釈が可能である。新改訳 2017 の「隠れた」というのは
どちらも可能とする訳である。英語においては，少し違う訳がある。
ESV，NRSV 等，עָלַם（N）を "secret" と訳している英訳では「わざ」に
ついて，本人は知っているが，他人には隠れているということになる。しか
し，これらの訳は他の箇所における עָלַם（N）と意味が違ってしまうので
問題がある。

　それでは，עָלַם（N）の意味を〈朧になっている〉ととる場合はどうで
あろうか。この場合，わざを行っている本人にそれが隠れていることになる
が，必ずしも他人からは隠れているわけではない。すなわち，自分のしてき
たことを知りながらも，その本質は見えていない状態を言っていることにな
る。伝道者の書に書いてあることを振り返って見ると，まさしくこのような
人間の状態について伝道者は語っているのではないだろうか。

【伝道 4:7-8】

7 私は再び，日の下で 空しいことを見た。

8 ひとりぼっちで，仲間もなく，子も兄弟もいない人がいる。それでも
彼の一切の労苦には終わりがなく，その目は富を求めて飽くことがな
い。そして「私はだれのために労苦し，楽しみもなく 自分を犠牲にし
ているのか」とも言わない。これもまた空しく，辛い営みだ。

　この箇所では，伝道者はひとりぼっちの男について観察している。伝道者の視界は朧になっていないので，ひとりぼっちの男のわざが見えている。一方でひとりぼっちの男は一生働きながらも，自分のわざが見えていない状態にあるのではないだろうか。

【伝道 6:1-2】
　1 私が日の下で見た悪しきことがある。それは人の上に重くのしかかる。
　2 神が富と財と誉れを与え，望むもので何一つ欠けることがない人がいる。しかし神は，この人がそれを楽しむことを許さず，見ず知らずの人がそれを楽しむようにされる。これは空しいこと，それは悪しき病だ。

　この箇所でも，伝道者は裕福な男のわざの本質が見えている。一方，裕福な男はそれが見えていないからこそ，楽しめていないと気付かずに生きているのであろう。このように，自分のわざが見えていない状態が伝道者の書では愚かさとされているのではないだろうか。

【伝道 2:13-14】
　13 私は見た。光が闇にまさっているように，知恵は愚かさにまさっていることを。
　14 知恵のある者は頭に目があるが，愚かな者は闇の中を歩く。しかし私は，すべての者が同じ結末に行き着くことを知った。

　この箇所では，知恵を持つということは「頭に目がある」ということで，愚かであることは「闇の中に歩くこと」だと言っている。このことを考慮すると，עלם（N）は意味としては日本語でいう〈朧になっている〉状態と似ているのかもしれないが，イメージ的には闇の中で何かを見ようとしているような状態だったと言えるかもしれない。日本語では闇でものがはっきり見えないことを「ぼんやりしている」と言うが，このような訳はイメージ的にヘブル語と近いかもしれない。ただ，記憶にあるわざについて「ぼんやり

としている」と訳すと俗語に聞こえてしまうので，伝道 12:14 は「あらゆる
<u>朧にしか見えていないことについて</u>」と訳すべきではないだろうか。

4. 結論

　以上，עלם（N）のそれぞれの登場箇所の意味と訳を検討してきたが，
やはり，עלם（N）は〈隠れる〉という意味ではなく〈朧になっている〉
という意味に近いのではないだろうか。同時に，עלם（N）は untranslat-
able であることも強調するべきであろう。本来は〈闇のなかの視界〉とい
うイメージがあり，また〈何かについて考えていない現実があるからはっき
り見えていない〉というニュアンスもあったと思われる。このような意味は
ヘブル語の他の〈隠れる〉という意味の動詞にはないので，עלם（N）を
「朧になっている」で訳すことにより，עלם（N）と他の〈隠れる〉という
意味の動詞を区別化できるのではないだろうか。

　עלם の語源についての議論や，それぞれの箇所における訳の意義につい
てなど，検討が必要な課題はまだ残るが，本論文では，עלם（N）の意味
の独自性と，翻訳における方向性をある程度示せたのではないかと思う。

略語表

聖　書

ASV	American Standard Version
BBE	Bible in Basic English
BHS	Biblia Hebraica Stuttgartensia
CJB	Complete Jewish Bible
ESV	English Standard Version
GNB	Good News Bible
JB	Jerusalem Bible
JNT	Jewish New Testament
JPS	Jewish Publication Society
KJV	King James Version
Luth	Das Neue Testament nach der Übersetzung Martin Luthers, Revidierter Text (1956)
LXX	Septuaginta
MT	Masoretic Text
NA	Nestle & Aland, *Novum Testamentum Graece*
NABRE	New American Bible, Revised Edition
NASB	New American Standard Bible
NEB	New English Bible
NEG79	Nouvelle Edition de Geneve 1979
NET	New English Translation
NIV	New International Version
NIV2011	New International Version 2011 Edition
NJB	New Jerusalem Bible
NJPS(V)	New Jewish Publication Society (Version)
NKJB	New King James Bible
NLT	New Living Translation
NRSV	New Revised Standard Version
REB	Revised English Bible
RSV	Revised Standard Version
UBS	United Bible Societies, *The Greek New Testament*
WEB	World English Bible
ZB	Zürcher Bibel

岩波訳　　荒井献，佐藤研編『新約聖書』岩波書店，1995-96.
協会共同訳『聖書協会共同訳』日本聖書協会，2018.
新改訳2017『聖書 新改訳2017』いのちのことば社，2017.
関根訳　　関根正雄訳『詩篇』（岩波文庫）岩波書店，1973.
関根新訳　関根正雄訳『新訳・旧約聖書』教文館，1997.
バルバロ訳『聖書』講談社，1980.
フランシスコ会訳『聖書』フランシスコ会聖書研究所，2011.
前田訳　　前田護郎訳『新約聖書』中央公論社，1983.

その他の略語

AB　　　Anchor Bible
ABD　　*Anchor Bible Dictionary*. 6 vols. New York: Doubleday, 1992.
ANET　　J. B. Pritchard (ed.), *Ancient Near Eastern Texts Relating to the Old Testament*. 3rd edition. Princeton: Princeton University Press, 1969.
AOAT　　Alter Orient und Altes Testament
Apollos　　Apollos Old Testament Commentary
ATD　　Das Alte Testament Deutsch
BASOR　*Bulletin of the American Schools of Oriental Research*
BDAG　　Bauer, W. *A Greek-English Lexicon of the New Testament and Other Early Christian Literature*. 3rd ed. rev. and ed. by F. W. Danker. Chicago: University of Chicago Press, 2000.
BDB　　F. Brown, S. R. Driver & C. A. Briggs, *A Hebrew and English Lexicon of the Old Testament*. Oxford: Clarendon, 1907.
BDF　　F. Blass & A. Debrunner, *A Greek Grammar of the New Testament and Other Early Christian Literature*. trans. and rev. by R. W. Funk. Chicago: University of Chicago Press, 1961.
BECNT　Baker Exegetical Commentary on the New Testament
BETL　　Bibliotheca Ephemeridum Theologicarum Lovaniensium
BKAT　　Biblischer Kommentar Altes Testament
BL　　*Book List*. Society for the Old Testament Study
BN　　*Biblische Notizen*
BOT　　De boeken van het Oude Testament
BS　　*Bibliotheca Sacra*
BZ　　*Biblische Zeitschrift*
BZAW　Beihefte zur *ZAW*
Bergsträsser　G. Bergsträsser, *Hebräische Grammatik*. I/II. Hildesheim: Georg Olms, 1962 [orig. 1918].
CAD　　Chicago Assyrian Dictionary
CBQ　　*Catholic Biblical Quarterly*
COT　　Commentaar op het Oude Testament

CS   W.W. Hallo & K. Lawson Younger eds., *The Context of Scripture: Ca-nonical Compositions, Monumental Inscriptions, and Archival Doc-uments from the Biblical World.* Leiden: Brill, 2003.

DCH   D. J. A. Clines (ed.), *The Dictionary of Classical Hebrew.* Vols. I–VIII Sheffield: Sheffield Academic Press, 2011.

DDD   K. van der Toorn, B. Becking & P. W. van der Horst, *Dictionary of Dei-ties and Demons in the Bible.* Leiden: E. J. Brill, 1995.

DISO   Charles-F. Jean & Jacob Hoftijzer, *Dictionnaire des inscriptions sémi-tiques de l'Ouest.* Leiden: E. J. Brill, 1965.

DJG   J. B. Green, S. McKnight & I. H. Marshall, *Dictionary of Jesus and the Gospels.* Downers Grove: InterVarsity Press, 1992.

DLNTD   R. P. Martin & P. H. Davids, *Dictionary of Later New Testament & Its Developments.* Downers Grove: InterVarsity Press, 1997.

DOTP   T. Alexander (ed.), *Dictionary of the Old Testament: Pentateuch.* Leices-ter: Inter-Varsity Press, 2002.

DPL   G. F. Hawthorne, R. P. Martin & D. G. Reid, *Dictionary of Paul and His Letters.* Downers Grove: InterVarsity Press, 1993.

Davidson A. B. Davidson, *An Introductory Hebrew Grammar.* 26th edition. Edin-burgh: T.&T. Clark, 1966.

EBC   Expositor's Bible Commentary

EDNT   H. Balz & G. Schneider, *Exegetical Dictionary of the New Testament.* 3 vols. Grand Rapids: Eerdmans, 1990-93.

EJ   *Encyclopedia Judaica* 16 vols. Jerusalem: Keter, 1971–72.

EKK   Evangelisch-Katholischer Kommentar

ERT   *Evangelical Review of Theology*

ET   English translation

EncMiqr   אנציקלופדיה מקראית (*Encyclopaedia Biblica*) 8 vols. Jerusalem: Moss-ad Harav Kook, 1950-82.

Exeg   *Exegetica*

ExTi   *Expository Times*

GB   F. Buhl, *Wilhelm Gesenius' Hebräisches und Aramäisches Handwörter-buch über das Alte Testament.* 17. Aufl. Berlin: Springer, 1915.

GHK   Göttinger Hand-Kommentar

GKC   E. Kautzsch & A. E. Cowley, *Gesenius' Hebrew Grammar.* Second Eng-lish edition. Oxford: Clarendon, 1910.

GTJ   *Grace Theological Journal*

GTT   *Gereformeerd Theologisch Tijdschrift*

HAL   L. Koehler & W. Baumgartner, *Hebräisches und aramäisches Lexikon zum Alten Testament.* Leiden: E. J. Brill, 1967-96.

HALOT	L. Koehler & W. Baumgartner, *The Hebrew and Aramaic Lexicon of the Old Testament*. Trans. by M. E. J. Richardson. Leiden: E. J. Brill, 1994-2000.
HAT	Handbuch zum Alten Testament
HKAT	Handkommentar zum Alten Testament
HSAT	Die Heilige Schrift des Alten Testaments
HSM	Harvard Semitic Monographs
HTR	*Harvard Theological Review*
HUCA	*Hebrew Union College Annual*
IB	The Interpreter's Bible
IBHS	B. K. Waltke & M. O'Connor, *An Introduction to Biblical Hebrew Syntax*. Winona Lake: Eisenbrauns, 1990.
ICC	International Critical Commentary
IEJ	*Israel Exploration Journal*
ISBE	G. W. Bromiley, et al (eds.), *International Standard Bible Encyclopedia*. rev. ed. 4vols. Grand Rapids: Eerdmans, 1979-88.
Inter	*Interpretation*
JAOS	*Journal of the American Oriental Society*
JBL	*Journal of Biblical Literature*
JNES	*Journal of Near Eastern Studies*
JNSL	*Journal of Northwest Semitic Languages*
JQR	*Jewish Quarterly Review*
JRAS	*Journal of the Royal Asiatic Society*
JSJ	*Journal for the Study of Judaism*
JSNT	*Journal for the Study of the New Testament*
JSNTS(S)	Journal for the Study of the New Testament, Supplement Series
JSOT	*Journal for the Study of the Old Testament*
JSOTS(S)	Journal for the Study of the Old Testament, Supplement Series
JSS	*Journal of Semitic Studies*
JTS	*Journal of Theological Studies*
Jastrow	M. Jastrow, *A Dictionary of the Targumim, the Talmud Babli and Yerushalmi, and the Midrashic Literature*. New York: Pardes, 1950.
Joüon-Muraoka	Paul Joüon & T. Muraoka, *A Grammar of Biblical Hebrew*. Part One: Orthography and Phonetics. Part Two: Morphology. Part Three: Syntax. (Subsidia Biblica 14/I-II) Roma: Editrice Pontificio Istituto Biblico, 1991.
KAI	H. Donner & W. Röllig, *Kanaanäische und aramäische Inschriften*. 3 vols. Wiesbaden: Otto Harrassowitz, 1962, 1964, 1973.
KAT	Kommentar zum Alten Testament
KHCAT	Kurzer Hand-Commentar zum Alten Testament

KTU   M. Dietrich, O. Loretz & J. Sanmartin, *Die keilalphabetischen Texte aus Ugarit* (AOAT 24). Neukirchen-Vluyn: Neukirchener, 1976.

LHBOTS The Library of Hebrew Bible /Old Testament Studies

LSJ   H. G. Liddel & R. Scott, *A Greek-English Lexicon*. rev. by H. S. Jones. Oxford: Clarendon, 1968.

MHT   J. H. Moulton, W. F. Howard & N. Turner, *A Grammar of New Testament Greek*. 4 vols. Edinburgh: T. & T. Clark, 1908-76.

MM   J. H. Moulton & G. Milligan, *The Vocabulary of the Greek New Testament*. Grand Rapids: Eerdmans, 1949.

Moule C. F. D. Moule, *An Idiom Book of New Testament Greek*. 2nd ed. Cambridge: Cambridge University Press, 1959.

NAC New American Commentary

NCBC New Centry Bible Commentary

NDBT T. D. Alexander & B. S. Rosner (eds.), *New Dictionary of Biblical Theology*. Leicester: InterVarsity Press, 2000.

NIB The New Interpreter's Bible

NICNT New International Commentary on the New Testament

NICOT New International Commentary on the Old Testament

NIDNTT C. Brown (ed.), *The New International Dictionary of New Testament Theology*. 3 vols. Grand Rapids: Eerdmans, 1975-78.

NIDOTTE W. A. VanGemeren (ed.), *The New International Dictionary of Old Testament Theology and Exegesis*. Grand Rapids: Zondervan, 1996.

NIGTC New International Greek Testament Commentary

NovT *Novum Testamentum*

NTA *New Testament Abstracts*

NTS *New Testament Studies*

OBO Orbis Biblicus et Orientalis

OTA *Old Testament Abstracts*

OTL The Old Testament Library

OTS *Oudtestamentische Studiën*

PNTC Pillar New Testament Commentary

Porter S. E. Porter, *Idioms of the Greek New Testament*. Sheffield: JSOT Press, 1992.

RB *Revue Biblique*

RlA *Reallexikon der Assyriologie*

Rosenthal F. Rosenthal, *A Grammar of Biblical Aramaic* (Porta Linguarum Orientalium, NS 5). Wiesbaden: Otto Harrassowitz, 1961, 1974.

SBLDS Society of Biblical Literature Dissertation Series.

SBLMS Society of Biblical Literature Monograph Series.

SNTSMS Society for New Testament Studies Monograph Series.

SRP E. König, *Stilistik, Rhetorik, Poetik in Bezug auf die biblische Litteratur.* Leipzig: Theodor Weicher, 1900.

SSI J. C. L. Gibson, *Textbook of Syrian Semitic Inscriptions.* I-III. Oxford: Clarendon Press, 1971-82.

SVT Supplement to VT

TDNT G. Kittel, & G. Friedrich (eds.), *Theological Dictionary of the New Testament.* 9 vols. Grand Rapids: Eerdmans, 1964-74.

TDOT G. J. Botterweck & H. Ringgren (eds.), *Theological Dictionary of the Old Testament.* Vol. I-XV. Grand Rapids: W. B. Eerdmans, 1974-2015.

THAT *Theologisches Handwörterbuch zum Alten Testament.* 2 vols. München: Chr.Kaiser, 1971-76.

TLZ *Theologische Literaturzeitung*

TNTC Tyndale New Testament Commentaries

TOTC Tyndale Old Testament Commentaries

TWAT *Theologisches Wörterbuch zum Alten Testament.* Vol. I-X. Stuttgart: W. Kohlhammer, 1970 -2000.

TWOT R. L. Harris, G. L. Archer, Jr. & B. K. Waltke (eds.), *Theological Wordbook of the Old Testament.* 2 vols. Chicago: Moody Press, 1980.

TynB *Tyndale Bulletin*

UF *Ugarit Forschungen*

UT C. H. Gordon, *Ugaritic Textbook.* Roma: Pontificium Institutum Biblicum, 1965.

VT *Vetus Testamentum*

WBC Word Biblical Commentary

WMANT Wissenschaftliche Monographien zum Alten und Neuen Testament

WUNT Wissenschaftliche Untersuchungen zum Neuen Testament

Watson W. G. E. Watson, *Classical Hebrew Poetry: A Guide to its Techniques* (JSOTS 26). Sheffield: JSOT Press, 1984.

Williams R. J. Williams, *Hebrew Syntax: An Outline.* 2nd ed. Toronto: University of Toronto, 1976.

ZAH *Zeitschrift für Althebräistik*

ZAW *Zeitschrift für die alttestamentliche Wissenschaft*

ZDMG *Zeitschrift für der Deutschen Morgenländischen Gesellschaft*

ZNW *Zeitschrift für die neutestamentliche Wissenschaft*

ZThK *Zeitschrift für Theologische und Kirche*

Zerwick M. Zerwick, *Biblical Greek.* Rome: Biblical Institute Press, 1963.

編集後記

　『みことば――聖書翻訳の研究』の第2号をお届けします。第2号からは翻訳研究会の会員から論文を募集しました。その結果，4本を掲載することになりました。論文の内容としては，新改訳2017の翻訳を擁護するものと，次回改訂に向けて改善の可能性を探るものの二種類に分けられます。次回改訂に向けての研究は継続しています。続けて，その研究の一部を紹介していければと願っています。

松本曜，公文光

[執筆者]

内田和彦（うちだ・かずひこ）
　日本福音キリスト教会連合・前橋キリスト教会牧師

三浦　譲（みうら・ゆずる）
　日本長老教会・横浜山手キリスト教会牧師

平塚治樹（ひらつか・はるき）
　日本バプテスト教会連合・市川北バプテスト教会牧師

公文　光（くもん・ひかる）
　新日本聖書刊行会・研究員

みことば
──聖書翻訳の研究　第2号
MIKOTOBA: Studies in Japanese Bible Translation Vol. 2

2021年3月1日発行

編　者　新日本聖書刊行会
　　　　〒160-0004　東京都新宿区
　　　　　　　　　　四谷二丁目8番地
　　　　https://www.seisho.or.jp

装　丁　長尾　優

発　行　いのちのことば社
　　　　〒164-0001　東京都中野区中野2-1-5
　　　　　　電話 03-5341-6920
　　　　e-mail:support@wlpm.or.jp
　　　　http://www.wlpm.or.jp/